오십에 읽는 맹자

오십에 읽는 孟子 맹자

굽이치는 인생을
다잡아 주는
2,000년 마음공부

조형권 지음

유노
북스

오십, 맹자에게
마음의 길을 묻다

바다를 본 사람은 어지간한 강물로 관심을 끌 수 없고
성인의 문하에서 배운 사람은 어지간한 말로 관심을 끌 수 없다.

맹자

흰머리가 많이 생기고 건강 상태가 이전과 달라졌음을 느끼
는 50대가 되었습니다. 어린 시절에 바라본 50대는 인생을 다
겪은 큰어른 같았는데, 막상 여러분이 50대가 되어 보니 어떠
신지요? 신체적, 사회적 나이를 생각하면 10여 년 전의 40대가
지금의 50대와 비슷합니다. 그래서인지 50대에 삶이 전반적으
로 변합니다.

먼저 경제적 여건이 변합니다. 미래에 대한 고민이 많습니
다. 앞으로 30년, 40년을 위한 경제적 여건을 마련해야 하는데
직장에서는 퇴직을 준비해야 합니다. 실직의 시기가 예전보다
길어졌기 때문에 생계에 대한 걱정도 들고 품위 유지도 걱정입

니다. 그런데 경제적인 문제가 해결된다고 해도 전부 해결된
것은 아닙니다. 부자가 되면 과연 죽을 때까지 행복할까요?

사회적인 지위도 변합니다. 한창 바쁘게 사회생활을 할 때는
성공만을 위해서 달렸습니다. 높이 올라가기만 하면 되는 줄
알았는데 정상이 높을수록 골이 깊습니다. 사회 생활의 정상에
올랐다가 내려가는 길이 여간 고달픈 게 아닙니다. 동네 언덕
수준의 높이에서 완만하게 내려오느냐, 한라산같이 높은 지위
에서 급하게 내려오느냐의 차이일 뿐입니다.

사회적, 경제적 여건이 변하니 인간관계도 변합니다. 사회
적 지위가 정점에 이르러 사람이 횡으로 종으로 많이 연결되
어 인간관계의 폭이 마치 강이 바다를 만난 것처럼 넓어졌을
때는 깨닫지 못합니다. 그 관계에도 끝이 있다는 것을요. 인간
관계가 강이 되었다가 바다가 되더니 이제는 썰물처럼 빠져나
가는 현상을 목격합니다. 사회생활의 내리막길을 걸어 내려오
고 나서야 가족과 함께 시간을 보내는 시간이 편하지가 않습니
다. 퇴직하고 몇 개월간은 여행을 다니면서 즐거울 수 있지만
잠시입니다. 성공을 위해서 필사적으로 노력할 때는 가족을 위
한 것이라고 자조합니다. 사회에서 인간관계를 관리한다는 명
목으로 늦게 집에 들어가도 가족을 위한 것이라고 생각합니다.
그 사이 배우자와 자식들과 소원해졌음을 뒤늦게 느낍니다.

위로, 아래로, 옆으로, 상하좌우의 인간관계로부터 압박감도
극에 달합니다. 좋은 자식이 되어야 하고, 좋은 배우자가 되어

야 하고, 좋은 부모가 되어야 하고, 좋은 선배나 후배가 되어야 하고…. 여러모로 신경을 쓸 곳이 많습니다. 마치 서커스단의 저글링하는 광대처럼 공을 떨어뜨리지 않기 위해서 안간힘을 써야 합니다.

이렇다 보니 삶에 대한 관점과 가치관도 변합니다. 20대, 30대, 40대에 생각하던 인생의 성공 방정식이 전부가 아님을 알게 됩니다. 우리의 인생은 '끝'이 있음을 느끼기 때문입니다. 게다가 세상살이가 허무하다는 생각도 합니다. 50대에 이르면 예전보다 장례식장에 갈 일이 많습니다. 가족, 친지뿐만 아니라 선배, 친구, 후배 등 다양합니다. '본인의 상(喪)'이라는 연락도 가끔씩 받습니다. 예전보다 발달된 의료 기술과 시술로 병을 조기에 발견하고 치료할 수 있지만 막상 바쁜 삶에 치여 살다 보면 건강을 미리 챙기기가 쉽지 않습니다.

어릴 적 선망하던 수많은 스타와 위인의 말로가 비참할 때는 더욱 그렇습니다. X 세대에게 유명한 할리우드 배우가 인생의 막바지에 치매에 걸린 것을 본 적이 있습니다. 스포트라이트를 받았을 때 너무나 멋져 보였던 그들의 부고란을 보면 인생의 무상함을 깨닫습니다. 새삼 '인생의 진정한 가치'가 무엇인지 고민하게 됩니다.

이러한 많은 변화로 50대에 감정이 오르락내리락할 때도 많아집니다. 왜냐하면 나이가 들수록 이상하게 쉽게 토라지기 때문입니다. 열등감이 강해지고, 사람들의 말 한마디와 태도를 민감하게 받아들입니다. 누군가의 별 의미 없는 말에 '저 사람이 나를 무시해서 저렇게 이야기하는가?' 하며 더 촉각을 곤두세웁니다. 갱년기 때문이라고 하고 싶지 않지만, 호르몬의 변화는 어쩔 수 없겠지요.

나이가 들수록 너그럽고 여유로운 사람이 될 것 같았는데, 다른 사람을 품어 주기는커녕 내 마음을 비우기도 어려울 때가 있습니다. 이럴 때 내가 보고 싶은 것만 볼 수 있는 소셜 미디어에서는 그 답을 찾을 수 없습니다. 잠시 고민과 고통을 잊게 만드는 신경 안정제일 뿐입니다. 현대적인 이기를 부인할 수는 없지만, 전적으로 의지할 때 문제가 됩니다.

나이 오십, 시야와 마음이 좁아진 것 같을 때 어떻게 안목을 넓히고 무엇으로 마음을 채워야 할지 고민이라면 그 방법을 중국 전국 시대의 사상가이자 아성(亞聖) 맹자에게서 찾고자 합니다.

시대의 사상가,
최고의 두뇌 맹자

맹자의 이름은 '가(軻)', 자(字)는 '거(車)'입니다. 공자 사후 100년, 기원전 372년에 공자와 같은 동네인 산동성에서 태어났습니다. 우리에게는 자식 교육을 위해서 세 번이나 이사했다는 '맹모삼천지교(孟母三遷之敎)'로 유명한 맹자의 어머니가 더 익숙합니다. 어머니의 헌신적인 교육과 사랑으로 맹자는 공부에 매진했습니다. 그리고 훗날 맹자는 유학에서 공자 다음가는 성인이라는 뜻의 아성이 되었습니다.

맹자는 공자의 손자 자사의 학통을 이어받은 철학자입니다. 유가를 창시한 공자에게는 수많은 제자가 있었습니다. 그런데 공자의 사상을 물려받고 발전시킨 수많은 제자 중에서 유독 맹자가 주목받았습니다. 맹자가 공자의 사상을 자신만의 형식으로 체계화하고 발전시켰기 때문일 것입니다. 맹자는 공자의 사상인 '인(仁)'을 뿌리로 하여 효와 교육을 중시했습니다. 효를 근본으로 하여 '누구나 노력하면 군자가 될 수 있다'는 성선설을 주장했습니다. 맹자 자신도 어머니의 기대와 믿음을 받았듯이 누구나 교육을 통해서 더 나은 사람이 될 수 있다고 생각했으며 또 그렇게 되기를 주문했습니다.

맹자의 사상이 힘이 생긴 데는 시대적 배경도 한몫했습니다. 맹자가 활동한 때는 전국 시대였습니다. 전국은 말 그대로 '전쟁을 하는 국가'라는 의미입니다. 진, 초, 연, 제, 조, 한, 위나라를 일컫는 전국 칠웅이 최후의 1인이 되기 위해서 부국강병을 추구했습니다. 각 국가마다 백성을 잘 다스리고 국력을 키우는 것이 중요했으며 위정자는 많은 사상가를 맞이해서 의견을 듣고자 했습니다. 그들에게 조언한 다양한 학파와 학자를 제자백가라고 합니다. 제자(諸子)는 '여러 학자'를, 백가(百家)는 '수많은 학파'를 뜻합니다.

마흔 이후, 맹자는 뛰어난 두뇌 집단을 형성해서 전국 시대 군주들에게 유세했습니다. 맹자는 타국의 위정자에게 조언자 역할을 했지만, 그 나라의 군주에 직접 소속된 벼슬을 하지 않았습니다. 맹자와 그의 제자들은 이후 유교가 사회에 뿌리를 내리는 데 지대한 역할을 했습니다. 일종의 지식 탱크 역할을 한 것입니다.

맹자도 공자와 마찬가지로 인의 정신을 받들어 임금이 백성을 위하고 백성도 임금을 위하는 시대를 꿈꾸었습니다. 그래서 인의 정신에 '의(義)'라는 정신을 추가했습니다. 우리가 흔히 이야기하는 의리와는 다소 다른 개념이고, 일종의 '공정함'으로 보면 됩니다.

맹자는 공자보다 더 현실적으로 사회 문제를 해결하려고 했고, 왕도 정치를 추구했습니다. 왕도 정치는 덕(德)에 의한 정치입니다. 이는 덕치(德治)로 표현되며, 백성을 사랑하는 인에 기반합니다. 이를 통해서 백성과 함께 즐길 때 비로소 진정한 군주, 리더가 될 수 있다고 맹자는 주장했습니다.

천년의 금서, 유교의 경전《맹자》

《맹자》는 맹자의 언행과 맹자와 왕, 맹자와 제자들의 담화가 담긴 기록입니다. 〈양혜왕〉, 〈공손추〉, 〈등문공〉, 〈이루〉, 〈만장〉, 〈고자〉, 〈진심〉 총 일곱 편, 약 3만 5,000자로 이루어진 동양의 대표적인 유교 경전입니다. 각 편은 첫 머리에 등장하는 양혜왕, 공손추, 등문공 등의 이름을 따와서 제목으로 삼았습니다. 제자인 만장, 공손추 등이 맹자의 가르침을 정리했다고 알려졌고 공자의 제자들이 엮은 《논어》보다 무려 3배나 분량이 많습니다.

맹자는 듣기 싫은 소리도 잘했습니다. '좀 더 센 공자'였습니다. 《맹자》에서 그가 하는 말은 부드러우면서도 날카롭고, 때로는 손뼉을 치고 웃게 만듭니다. 맹자는 공자가 차마 하지 못했던 이야기도 솔직하게 했습니다. 공자는 아무리 제후가 못나더라도 교화시키려고 했지만, 맹자는 왕으로서 자격이 없다면 교체해야 한다고 서슴없이 주장했습니다. 맹자가 제나라 선왕에게 "악행을 저지른 군주라면 평범한 사내에 불과하기 때문에 당연히 제거할 수 있습니다"라며 모골이 송연해지는 일갈을 하여 《맹자》는 오랫동안 금서가 되기도 했습니다. 다만 위정자들은 다양한 사상을 수용하고 그것을 또 하나의 힘으로 여겼기 때문에 맹자와 그의 제자들은 환영받았고, 위풍당당할 수 있었습니다.

하지만 안타깝게도 맹자는 공자의 인생과 파노라마처럼 겹칩니다. 세상을 바꾸고자 하는 그의 노력은 실패로 끝나고 말았습니다. 당시는 전국 시대 중기에서 말기로 접어들어서 그어느 때보다 전국 칠웅의 각축전이 치열했습니다. 공자가 있던 춘추 시대 말기보다 힘의 논리가 더 지배적이었습니다.

맹자는 예순이 넘은 이후에는 주로 강대국인 제나라에 머물면서 자신의 사상을 설파했습니다. 그는 왕에게 소속된 신하로서 정치에 직접 참여하지는 않았지만 '객경'이라는 높은 신분으로 주어진 역할을 수행했습니다. 하지만 맹자의 '인'과 '덕'에 기반을 둔 정치는 위정자들에게 채택되지 않았습니다. 이에 실망한 맹자는 70세에 이르러서 고향 노나라로 귀국하고 여생을 집필과 제자 육성으로 보내고 83세에 세상을 떠났다고 알려졌습니다.

그가 세상을 떠난 지 약 70년 후에 진나라가 중국 전역을 통일하면서 전국 시대는 막을 내렸습니다. 비록 맹자는 생전 자신의 뜻을 이루지는 못했지만 후대에 성인으로 추앙받았습니다. 그가 세상을 떠나고 약 1,500년 후 중국 남송의 유학자이자 성리학을 집대성한 주희는 《맹자》를 《논어》, 《대학》, 《중용》과 함께 사서 중의 한 권으로 포함했습니다. 맹자는 자신이 존경하던 공자와 함께 공맹(孔孟) 사상으로 지금까지 후대에 정신적인 스승 역할을 하고 있습니다.

마음에 채우는
맹자의 안목과 지혜

맹자는 명성이 널리 알려진 후 수레 수십 대와 제자 수백 명을 이끌었습니다. 맹자는 뛰어나게 명석하기도 했지만 성격이 호탕하면서도 따뜻했던 듯합니다. 맹자의 성격을 엿볼 수 있는 유명한 대화가 있습니다.

제자 공손추가 맹자에게 질문했습니다.

"선생님은 어떤 점이 뛰어나십니까?"

맹자가 대답했습니다.

"나는 남의 말을 잘 이해하며 호연지기를 잘 기른다."

공손추가 호연지기가 무엇인지 묻자 맹자는 이렇게 대답했습니다.

"설명하기 어렵지만, 호연지기는 하늘과 땅을 가득 채우는 넓고 강하고 곧은 기운이다."

맹자는 군자라면 흔들리지 않는 마음, 부동심(不動心)을 가져야 한다고 했습니다. 그리고 부동심을 가지기 위해서 '세상에 거리낄 것이 없는 정신적·육체적 기운'인 호연지기(浩然之氣)를 길러야 한다고 했습니다. 마음이 동요되지 않으면 근심이 닥쳐오더라도 근심으로 여기지 않을 수 있기 때문입니다.

이 부동심과 호연지기에는 근거가 있습니다. 바로 성선설의 사단(四端)입니다. 맹자의 성선설은 사단, 즉 네 가지 마음의 실마리로 나뉩니다. 단(端)이 실마리라는 의미입니다. '사람을 애처롭게 여기는 마음' 측은지심(惻隱之心), '의롭지 못함을 부끄러워하고, 착하지 못함을 미워하는 마음' 수오지심(羞惡之心), '겸손하여 사양할 줄 아는 마음' 사양지심(辭讓之心), '옳고 그름을 판단할 줄 아는 마음' 시비지심(是非之心)입니다. 그리고 이 네 가지 마음은 인(仁), 의(義), 예(禮), 지(智)의 단서가 된다고 보았습니다.

　성선설을 주장한 맹자는 사람에 대한 기대와 믿음이 있었습니다. 그 기대와 믿음은 시대 상황상 전국 시대의 위정자에게 바라는 바였고, 맹자의 말에도 위정자들이 군자가 되길, 백성을 위한 정치를 하길 바라는 의미가 담겨 있습니다. 그런데 2,000년 전 맹자가 남긴 냉철하면서도 따뜻한 말은 2,000년 후 지금 우리의 마음을 채워 줍니다.

　우리는 나이 오십이 되도록 인생에 치이며 사느라 자기 마음을 들여다보지 못했습니다. 그래서 생각보다 작은 일에 쉽게 흔들리며 근심과 걱정에 헤어나지 못합니다. 팍팍한 마음의 문제를 맹자가 남긴 마음의 실마리로 풀어내기를 바랍니다.

　50대 이후 사리를 판단하고, 한쪽으로 치우치지 않으며, 존경받고, 너그럽게 살 수 있는 방법을 맹자가 안내합니다. 그리하여 넓은 시야를 가지고 품격 있게 뜻을 펼치면서 흔들림 없이 사는 어른이 될 수 있을 것입니다. 2,000년 전 맹자가 남긴 삶의 자세와 지혜를 통해 마음의 길을 찾고 인생이 한결 여유로워지길 바랍니다.

차례

1장
어떻게 사리에 맞게
살 수 있을까?
오십의 시비지심

◇◆◇

2장

어떻게 계속 배우며
살 수 있을까?

오십의 사양지심

◇◆◇

3장
어떻게 적당히 잘 살 수 있을까?
오십의 수오지심

◇◆◇

4장
어떻게 너그럽게
살 수 있을까?
오십의 측은지심

◇◆◇

5장
어떻게 흔들림 없이
살 수 있을까?
오십의 호연지기

1장

어떻게 사리에 맞게
살 수 있을까?

오십의 시비지심

어떤 일을 행하면서도 왜 행하는지 이해하지 못하고
어떤 일에 익숙하면서도 왜 익숙한지 까닭을 모르고
일생동안 도를 따라가면서도 도를 알지 못하면
군자가 아니다.

맹자

조금 낮고 조금 못한 정도지
서로 큰 차이가 없다

◆◆◆

오십 보를 도망간 병사가 백 보를 도망간 병사를 향해 비웃
는다면 어떻겠습니까?

棄甲曳兵而走 或百步而後止 或五十步而後止 以五十步
笑百步 則如何

기갑예병이주 혹백보이후지 혹오십보이후지 이오십보
소백보 즉여하

<양혜왕 상>

아마 많은 분이 어릴 적부터 '오십보백보'를 들었을 것입니
다. 상대방이 나 혹은 누군가를 비난할 때 '너나 나나 마찬가지
다'라는 의미로 오십보백보라고 대답합니다. "똥 묻은 개가 겨
묻은 개 나무란다"라는 속담과 같은 의미입니다.

우리는 타인의 입장보다는 나의 입장에서 생각하며 삽니다. 내가 믿는 사상과 가치가 남들보다 우월하다고 생각합니다. 중년이 되면 그동안 사회 경험도 쌓이고 어느 정도 인생을 안다고 생각하기 때문에 고집이 더욱 강해집니다.

요새 40대, 50대와 이야기해 보면 공통적으로 세대 차이에 대해서 이야기를 합니다. 하지만 20대, 30대도 동일한 문제를 호소할 것입니다. 입장의 차이는 세대 간에만 있지 않습니다. 삶의 배경이 달라도 입장 차가 생깁니다. 부부도 연인 관계일 때는 못 느꼈던 다름을 느끼고 갈등을 빚고는 합니다. 사소한 일도 큰 문제가 됩니다. 경제적인 면으로 갈등을 겪기도 하지만 물건을 어디에 두는지, 누가 설거지를 해야 하는지, 누가 화장실 청소를 해야 하는지도 갈등의 씨앗이 되고는 합니다.

살면서 느끼는 것은 세상에 문제가 없는 가족이나 커플은 없다는 것입니다. 어느 집이든 문제를 안고 있습니다. 완벽하게 보이는 사람들도 집안에 문제가 있습니다. 유명한 정치인, 기업가, 연예인, 스포츠인도 그런데 일반인들은 오죽하겠습니까?

남의 잘못만 있고
나의 잘못은 없는가?

《맹자》의 '오십보백보' 고사를 읽어 보면 많은 생각이 듭니다. 《맹자》의 첫 편에 나오는 왕은 바로 위나라 혜왕입니다. 위나라는 혜왕 때 서쪽 진(秦)나라의 침략을 못 견디고 수도를 동쪽 대량으로 옮겨서 위혜왕을 양혜왕으로도 부릅니다. 책에는 위혜왕이 아닌 양혜왕으로 표기되어 있습니다.

전국 시대 위(魏)나라는 춘추 시대의 위(衛)나라와 다릅니다. 본래 진(晉)나라의 일부였으나 조 씨, 한 씨와 함께 위 씨가 제후로 인정받으면서 기원전 403년, 진의 영토를 분할해 세운 국가입니다. 전국 칠웅(진, 초, 제, 연, 조, 위, 한)의 하나로 전성기를 구가했습니다.

위나라를 세운 위문후, 위무후를 거쳐서 위혜왕 때도 국가가 강성했습니다. 공자의 10대 제자 중 한 명인 자하는 위문후의 스승이 되었고, 위문후는 이후로도 좋은 인재를 많이 영입했습니다. 전국 시대의 명장으로 불리던 오기를 데려와서 무력도 강화했습니다.

이렇게 전성기를 구가하는 나라의 제후였으니 기세가 등등했을 것입니다. 다만 무후를 거치면서 위나라의 세력은 점차 약화되었습니다. 그래서 양혜왕은 누구보다 국력을 강화하는 데 관심이 컸습니다.

양혜왕이 맹자에게 이야기했습니다.

"과인은 나라에 온 마음을 다하고 있습니다. 황하 북쪽에 흉년이 들면 백성을 동쪽 지방으로 옮기고 곡식도 북쪽으로 옮겼습니다. 이웃나라의 정치를 보아도 과인처럼 백성들에게 마음을 쓰는 사람이 없습니다. 그런데 이웃나라의 백성이 줄지 않고 과인의 백성이 더 늘지 않는 것은 무슨 이유 때문인가요?"

맹자는 양혜왕에게 이렇게 직언했습니다.

"왕께서 전쟁을 좋아하시기 때문에 이를 전쟁으로 비유하겠습니다. 전쟁을 했는데 병사들이 갑옷을 버리고 병기를 끌고 달아났습니다. 그런데 어떤 이는 백 보를, 또 어떤 이는 오십 보를 달아나다가 멈추었습니다. 그런데 오십 보를 도망간 병사가 백 보를 도망간 병사를 향해 비웃는다면 어떻겠습니까?"

왕은 맹자의 유도 심문에 바로 걸려들었습니다.

"당연히 옳지 않지요. 백 보를 달아나지 않더라도 이 또한 달아난 것입니다."

맹자는 이어서 말했습니다.

"왕께서 이를 아신다면 (위나라) 백성이 이웃나라보다 많기를 바라지 마십시오. 길가에 굶어서 죽은 시체들이 널려 있는데 국고를 열지 않고 '내가 잘못한 것이 아니고 모두 흉년 때문이다'라고 하면 이는 사람을 찔러 죽이고 '내가 그렇게 한 것이 아니고 무기 때문이다'라고 하는 것과 다름없습니다."

맹자는 양혜왕이 먼저 자신의 통치 방식을 돌아보기를 원했습니다. 양혜왕은 백성을 위하는 정치를 한다고 믿었지만 막상 거리에는 굶어 죽는 백성들이 속출하니, 이를 안타깝게 여겼다면 국고를 열고 적극 선정을 베풀어야 했다는 것입니다. 만약 양혜왕이 애민 정치를 한다면 당연히 이웃나라의 백성들도 위나라로 이주하지 않을까요?

　우리도 이러한 경우를 종종 마주합니다. 회사에서 어느 부서의 누군가는 다른 부서의 누군가를 원망하고, 그 반대일도 벌어집니다. 제삼자의 입장에서 보면 '오십보백보', '도토리 키 재기'인데도 말입니다. 젊은 시절에는 끓어오르는 혈기로 상대방을 원망하고, 자신의 잘못을 인정하지 않을 수도 있습니다. 하지만 인생의 절반쯤 살았다면 이제는 나를 진지하게 돌아볼 때입니다. 나는 과연 누군가를 원망하고 비난할 자격이 있을까요? 나도 마찬가지가 아닌가요?

　상대방에 대한 불만이 있다면 나의 입장이 아니라 그 사람의 입장에서 생각해 보는 습관을 들일 필요가 있습니다. 역지사지(易地思之), '상대방과 처지를 바꾸어 생각한다'는 말이《맹자》에서 나오는 역지즉개연(易地則皆然)에서 유래했다고 합니다. 2,000년 전이나 지금이나 남의 입장에서 생각하는 것이 중요함은 변함없습니다. 공감의 마음을 갖는다면 이 세상에 수많은 불상사가 줄어들 것입니다. 나의 이익만을 추구하지 않고 상대방의 이익도 함께 생각하기 때문입니다.

사람이 어리든 늙든
좋든 나쁘든 간에 배울 점은 있다

◆◆◆

주공은 세 왕조(하, 은, 주)의 덕을 겸비하여 그들(우임금, 탕왕, 문왕, 무왕)의 네 가지 일을 실천하고자 했고, 들어맞지 않은 것이 있다면 우러러 생각했다. 만약 애를 써서 터득하면 앉은 채 아침을 기다리셨다.

周公思兼三王 以施四事 其有不合者 仰而思之 夜以繼日 幸而得之 坐以待旦

주공사겸삼왕 이시사사 기유불합자 앙이사지 야이계일 행이득지 좌이대단

<이루 하>

"낄 때 끼고 빠질 때 빠져라"라는 말을 하지요. 눈치를 잘 보아서 상대방을 불편하게 만들지 말라는 뜻입니다. 또한 낄 때

와 빠질 때를 잘 구분해 타이밍을 잘 잡아야 한다는 의미이기도 합니다. 이를 능숙하게 잘하는 사람이 있는 반면 잘 못 하는 사람도 있습니다.

그런데 이 말에는 왠지 삭막함이 느껴집니다. '끼리끼리의 문화'가 담겨 있습니다. 나이 든 사람이 젊은 사람들과 어울리고 싶어도 눈치를 보게 됩니다. 반대의 경우도 마찬가지입니다. 젊은 사람이 나이 든 사람과 이야기를 나누고 싶어도 부담스럽습니다. 지식과 경험을 듣는 것은 좋지만 굳이 필요 없는 충고와 조언을 듣기 때문이기도 합니다.

맹자는 "도량이 좁고 공손하지 못한 것은 군자가 따를 바가 아니다"라고 했습니다. 좁쌀 같은 마음을 가지고서는 인간관계의 폭이 제한된다는 의미이기도 합니다. 마음이 좁으면 나와 잘 맞는 사람들과만 어울리려고 하겠지요. 물론 나와 가치관이 같은 사람들과 어울리면 더 편안합니다. 하지만 나와 가치관이 다른 사람에게서는 다른 의견을 듣고 배워서 자기 자신을 돌아보고 잘못된 바를 고칠 수 있습니다.

그러함에도 편협한 생각을 가지고 세상을 바라보는 사람들이 있습니다. 오직 나만 옳고 남은 틀리다고 믿습니다. 나이가 드는 동안 다양한 사람들을 만났는데 가치관이 바뀌지 않고 편견이 더 심해지기도 합니다. 적대심을 보일 때도 있는데, 특별한 이유는 없습니다. 단지 그나 그녀가 싫고 미울 뿐입니다.

어떤 분은 고리타분한 생각에 갇혀 있기도 합니다. 자신이 경험한 바가 무조건 맞다고 생각합니다. 바른 말을 하는 젊은 이를 버릇이 없다고 여기기도 합니다. 누가 옳고 그른지는 따져 보아야겠지만, 어른으로서 포용감이 부족해 보입니다.

배우려는 사람의 눈에만 상대의 배울 점이 보인다

예전에는 학문과 학식뿐만 아니라 인품이 뛰어난 왕이나 제후를 '문(文)'으로 칭했습니다. 맹자가 존경해 마지않는 공자가 제일 존경한 이가 바로 주공단입니다. 존경의 의미로 그를 주문공(文公)이라고 합니다. 주문공은 조카인 성왕을 보좌해서 주나라를 안정화하고 나중에 조카에게 권력을 물려준 뒤 섭정의 자리에서 물러납니다. 그는 욕심 없이 자신의 조카를 보좌하고, 백성들의 삶을 우선했습니다.

《논어》에서 그에 대한 공자의 팬심이 엿보이는 구절이 있습니다.

"심하구나 나의 노쇠함이여! 오래되었구나. 내가 꿈에서 주공을 다시 못 뵌 지가!"

하지만 주문공도 끊임없는 노력파였습니다. 맹자는 이렇게 이야기합니다.

"우임금은 맛있는 술을 삼갔고 선한 말을 좋아했다. 탕왕은 중용의 도를 지키고 어진 사람을 등용하면서 출신을 따지지 않았다. 문왕은 백성을 다친 사람처럼 가엽게 여겼고 도를 바라보면서도 아직 보지 못한 것처럼 간절했다. 무왕은 가까이 있는 자들을 함부로 대하지 않고 먼 곳에 있는 자들도 잊지 않았다."

주공은 세 왕조, 네 명의 훌륭한 왕을 바라보면서 늘 경각심을 가지고 나아지기 위해서 노력했습니다. "그들의 네 가지 일을 실천하고자 했고, 들어맞지 않은 것이 있다면 우러러 생각했다. 만약 애를 써서 터득하면 앉은 채 아침을 기다리셨다"라고 한 것을 보면 자신의 행동을 복기하면서 나아지기 위해 불철주야 스스로 반성하고 노력하는 주문공의 모습이 눈에 선합니다.

주문공은 요순 시대에 이어서 하나라를 세운 우임금에게서 절제하고 경청하는 삶의 자세를 배웠습니다. 은나라를 세운 탕왕에게는 치우치지 않는 중용의 도를 통해서 출신을 따지지 않고 어진 이를 등용하는 태도를 배웠습니다. 주나라의 창업 군주인 문왕을 통해서 백성을 사랑하는 애틋한 인의 정신을, 뒤를 이은 형님 무왕을 통해서 사람을 존중하고 은혜를 잊지 않는 자세를 배웠습니다. 네 명의 현명한 임금을 따라 나아지기 위해서 노력했기 때문에 주문공도 성인이 될 수 있었습니다.

나이가 들면 세상의 온갖 지혜와 경험을 가지고 다른 이들을 더 잘 이해하고 포용할 것 같지만 오히려 반대가 되는 경우가 허다합니다. 내가 가진 작은 땅을 움켜쥐고, 남에게 양보하지 않고, 오직 나와 가족의 안위만 생각합니다.

우리는 주문공 같은 성인이 될 수는 없지만, 여전히 주변에서 배울 만한 사람을 만나고 지혜를 얻을 수 있습니다. 저도 어떤 직장 상사에게서는 끊임없이 호기심을 가지고 노력하는 자세를 배웠고, 또 다른 상사에게서는 소탈하고 허물없는 인간관계를 배웠습니다. 또 어느 상사에게서는 발표를 잘하는 법, 일을 명확하게 처리하는 법, 인생을 계획적으로 사는 법을 배웠습니다. 반면 어떤 상사에게서는 사람을 혹독하게 대하면 안 되고, 정치적으로 사람을 이용하면 안 되고, 나의 무사안일과 욕심에만 신경 쓰면 안 된다는 것을 배웠습니다. 이렇게 배워서 저의 균형 잡힌 인생관과 가치관을 세울 수 있었습니다. 비단 선배뿐만 아니라 친구나 후배에게서도 마찬가지입니다.

아래위 상관없이 배울 점이 많은 분이 세상에는 참 많습니다. 배우고자 하는 자세를 갖기 위해서는 우선 나의 도량을 재보아야 합니다. 나는 과연 넓은 마음으로 세상을 바라보고 포용할 줄 아는지요? 아니면 우물 안에서 세상을 바라보고 있는지요?

쉽고 같잖으면 만용이고
어렵고 훌륭하면 용기다

◆◆◆

왕께 청컨대 사소한 용맹을 좋아하지 마십시오.

王請無好小勇

왕청무호소용

〈양혜왕 하〉

어떤 연예인은 '버럭' 소리를 지르는 것으로 유명세를 탔습니다. 호통 개그는 예전의 잘못된 어른상을 빗대 보여 줍니다. 사극을 보면 늘 "이놈" 하며 어른이 야단치는 장면이 나옵니다. 중국 송나라 때 개봉부의 판관 포청천처럼 말입니다. 1994년에 방영된 〈판관 포청천〉은 대역 죄인을 야단치고 벌하는 포청천이 등장해 당시 많은 사람에게 인기를 끌었습니다. "작두를 대령하라"는 대사가 유행할 정도였습니다.

호통과 야단은 상대방이 납득할 수 있도록 상황을 논리적으로 설명해야 합니다. 무조건 호통치면서 잘못을 꾸짖으면 오히려 반감을 살 수 있습니다. '나이가 많으면 다인가? 지위가 높으면 다인가?'라고 말이지요. 가장 하지 말아야 할 행동은 평소 조용히 불만을 누적하고 있다가 술을 마시고 후배나 직원, 가족에게 일장 연설을 하는 것입니다. 술에 취해서 한 쓴소리를 누가 진심으로 받아들일까요? 과연 감사한 마음이 들까요?

점심시간 한 음식점에서 회사원 10여 명이 밥과 술을 같이 하고 있었습니다. 한낮의 회식이었습니다. 20대 젊은 직원부터 60대 직원까지 꽤 다양했습니다. 그런데 어느 순간 고성이 오가면서 나이 든 직원이 젊은 직원에게 "왜 이렇게 버릇이 없어?"라고 화를 냈습니다. 주변 테이블에 있던 사람들도 깜짝 놀랄 지경이었습니다. 다행히 주변 동료들이 만류를 했지만, 아마 나중에 술이 깬 후 서로 간에 보기도 민망할 것이고 그 사건은 회사 내에서 두고두고 회자될 것입니다. 나이가 많은 사람은 술기운을 빌려서 쓸데없는 만용을 부린 것입니다. 물론 거기에 반항을 한 젊은 직원도 마찬가지입니다.

나이와 상황을 빌려 상대방을 혼내는 사람이 있는가 하면 어떤 이는 우락부락한 인상이나 몸매, 또는 무시무시한 문신으로 상대방을 겁박합니다. 그리고 용맹하다고 과시합니다. 이것은 보통 필부의 만용, 즉 평범한 사람의 과장된 용기입니다. 이러한 사람들이 정말 위기의 순간에는 도망가기 바쁩니다.

진정한 용기는 위기에서 발휘됩니다. 갑작스럽게 처한 어려움에 어느 누구도 나서지 않을 때 적극적으로 도움의 손길을 내미는 이에게 사람들은 박수 갈채를 보냅니다.

사소하게 용맹한 사람은 힘이 없다

맹자는 '사소한 용맹'을 주의했습니다. 그는 전쟁을 좋아하고, 어떻게든 주변국의 영토를 빼앗아서 예전의 영광을 되찾으려는 제선왕에게 "사소한 용맹을 좋아하지 마십시오"라고 직언을 했습니다. 특히 평범한 사내의 용맹으로 단지 한 사람을 상대할 것이 아니라 보다 큰 용맹을 가지라고 조언했습니다. 일대일 싸움에서 이겼다고 자신의 힘을 과신하며 의기양양할 것이 아니라 보다 큰 전쟁을 염두에 두라는 의미입니다.

맹자는 이렇게 간언했습니다.

"왕께서는 사소한 용맹을 좋아하지 마십시오. 칼을 쥐고 상대방을 노려보면서 '네가 어찌 감히 나를 감당하겠는가!'라고 말하는 것은 단지 평범한 사람의 용맹으로 한 사람을 상대하는 것일 뿐입니다. 왕께서는 용맹을 크게 가지십시오."

맹자는 용기에 명분을 중요시했습니다. 사소한 이익을 위해 전쟁을 일으키고 백성들을 고통스럽게 만드는 일은 피해야 한다는 것입니다. 만약 백성들이 고통에 신음하며 자신의 통치자를 정벌해 주길 원할 때, 즉 충분한 명분이 있을 때 발휘하는 용기가 진정한 용기라고 했습니다.

주나라 문왕도 폭정으로 백성들의 원성을 사던 은나라의 주왕을 벌하기 위해서 치밀하게 준비했습니다. 맹자는 그가 한번 노여워해서 천하의 백성들을 편안하게 했다고 했습니다. 그가 세상을 떠나자 아들 무왕이 또 한 번 노여워해서 주왕을 제거하고 천하의 백성을 편안하게 했습니다.

맹자는 이렇게 마무리 짓습니다.

"지금 왕께서도 한번 노여워해서 천하의 백성을 편안하게 한다면 백성들은 오히려 임금이 용맹을 즐기지 않을까 걱정한다고 했습니다."

왕이 용맹하게 나서서 세상을 평온하게 하기를 원하는데, 오히려 조용하게 있는다면 그것을 백성들이 더 두려워한다는 뜻입니다.

용맹함을 이야기할 때 이 왕을 빼놓을 수 없습니다. 춘추 시대 제나라의 전성기를 이끈 제환공에 이어서 쇠약해지는 제나라를 다시 부강하게 만든 제경공입니다. 명재상 안영의 도움을 받은 면도 있지만 그는 주변국을 떨게 할 만큼 강한 리더십을 선보였습니다. 하지만 제경공도 단점이 있었습니다. 사치를 좋

아했고 사소한 자존심에 연연했습니다. 〈등문공 하〉에서 이렇
게 전합니다.

"예전에 제나라 경공이 사냥을 할 때 사냥터의 관리인을 깃
발로 불렀지만 그가 오지 않자 죽이려고 했다."

그는 군주로서 권위를 내세우려고 했지만 이러한 행태는 쓸
데없는 공포심만 조장할 뿐입니다.

살면서 우리가 용기를 발휘해야 할 때가 있습니다. 잘못된
점을 바로잡기 위해서 나서는 경우입니다. 다만 문제가 있을
때마다 매번 문제 제기를 한다면 지적을 받는 사람도 거부감을
느낄 것입니다. 아무리 문제가 많다고 하더라도 말입니다. 따
라서 문제가 있다면 이를 잘 지켜보다가 시운이 무르 익었을
때 문제를 제기해야 합니다. 파급력을 키우려면 다른 사람들의
공감도 얻어야 합니다. 나는 불합리하다고 생각했고, 내가 해
결해 주면 지지를 받을 것이라고 생각했지만 막상 그렇지 않을
수도 있습니다. 나만의 착각일 수도 있습니다.

어른으로서 내가 발휘할 진정한 용기와 사소한 용기를 구분
해야 합니다. 술 마시고 훈계하고 욱해서 소리 지르는 행동은
정말로 하지 말아야 합니다. 저도 젊은 시절 술김에 만용을 부
린 적이 있습니다. 조용한 성격의 제 인생에서 몇 안 되는 순간
이라 지금도 그때가 생생합니다. 저를 무시했다고 화를 낸 것

은 부끄러운 행동이었습니다. 그것은 용기가 아니고 취객이 부린 만용일 뿐이었습니다.

혹시 나이가 들어서도 그런 실수를 하시는 분이 있다면, 그것은 꼭 고쳐야 할 습관이고 행동이라는 것을 말씀드립니다. 자칫하면 큰 실수를 저지르고, 돌이킬 수 없는 순간이 올 수 있으니까요.

가르침의 결과는
받아들이는 사람에게 달려 있다

❖❖❖

목수나 수레를 만드는 장인은 그 방법을 다른 이에게 전수할
수는 있어도 상대방에게 기교를 모두 터득하게 할 수는 없다.
梓匠輪輿能與人規矩 不能使人巧
재장륜여능여인규구 불능사인교

〈진심 하〉

"좋은 약은 입에 쓰다"라는 격언이 있습니다. 다른 사람의 조
언이나 충고를 받아들이는 것은 결코 쉽지 않습니다. 나이가
들수록 나의 경험을 더 우선시하고 사고가 고착화되기 때문에
더욱 그렇습니다.

좋은 약은 부모님이 주십니다. 어렸을 때는 공부하라는 말,
사회생활을 하면서는 술을 적당하게 마시고 운동하라는 이야

기를 끊임없이 합니다. 부모님이 부지런하고 자수성가한 분이라면 더욱 강조할 것입니다. 근면과 성실이 가장 중요한 가치이기 때문입니다. 저의 외할아버지가 그랬습니다. 늘 새벽에 자녀들을 깨우고, 아침 식사를 같이했습니다. 아무리 피곤하고 힘들더라도 반드시 일어나야 했습니다. 안 그러면 바로 불호령이 떨어졌기 때문입니다. 그러한 경험 때문인지 어머니는 형과 저를 풀어 주셨습니다. 아무리 늦게 일어나도 놔두었습니다.

그런데 신기한 것은 제가 나이가 들수록 점차 할아버지의 DNA가 작동하는지 아침에 일찍 기상한다는 것입니다. 출근을 위해서 평일에는 5시에 기상하고 휴일에도 아무리 늦어도 7시 전에는 일어납니다. 만약 누군가 건강을 위해서 아침 일찍 일어나라고 계속 충고했다면 오히려 반항심 때문에 잘 듣지 않았을 것입니다.

제가 아침을 충실하게 보내기 시작한 것은 독서를 본격적으로 하면서부터입니다. 성공에 정답은 없지만, 많은 성공한 이가 아침에 일찍 기상해서 하루를 알차게 시작합니다. 주변에도 인생을 충만하게 보내는 분들이 상당수 정해진 아침 시간에 기상해서 하루를 시작합니다. 그리고 매일 아침 출근 전 운동을 하러 갈 정도로 자기 계발에 최선을 다합니다.

사실 많은 중년이 너무 바쁘게 사느라 지쳐서 미라클 모닝 대신 미라클 저녁을 기대합니다. 하루를 마치고 술을 한잔하거나 드라마를 보면서 그동안 쌓인 정신적인 스트레스를 풉니다.

신체적인 피로는 더 쌓이겠지만요. 주말에는 늦잠을 자고, 하루종일 뒹굴뒹굴할 때도 있습니다. 당연한 심리입니다. 한 주 동안 고생한 자신에게 보상을 주어야 하니까요. 다만 이러한 삶의 패턴이 계속되면 나이가 더 들어서 정신적, 신체적 건강에 문제가 생깁니다. 운동을 시작하려다가 무리해서 오히려 병이 나거나 다치게 됩니다.

보다 건강하고 의미 있는 삶을 살고 싶다면 나 자신을 돌아보고, 다른 이들의 충고나 조언을 잘 새길 필요가 있습니다. 내가 따르고 싶은 롤 모델이 있다면 그들의 인생을 따라 하는 것도 좋습니다. 다만 중요한 것은 이를 제대로 실천하느냐입니다.

맹자의 충언을
마음으로 이해하지 못한 위정자들

맹자와 그의 제자들은 전국 시대의 두뇌 집단으로서 위정자들에게 충고와 조언을 아끼지 않았습니다. 《맹자》에 등장하는 위나라의 혜왕, 제나라의 선왕, 등나라의 문공이 대표적입니다.

특히 제선왕은 더 좋은 왕이 되기 위해서 노력했습니다. 그래서 맹자의 충언을 잘 듣고 이를 받아들이고자 했습니다. 다만 그는 맹자가 제시한 인과 의의 가치를 머리로만 이해하고 행동으로는 증명하지 못했습니다. 결국 무리하게 정복 전쟁을 일삼다가 제나라의 국력을 소모했습니다. 왕도 정치가 아닌 패도 정치를 추구했습니다.

맹자는 이러한 제선왕에게 실망해 제나라를 떠납니다. 그는 제선왕에게 마지막 기회를 주었습니다. 제나라 수도에서 멀지 않은 주읍 땅에서 사흘을 기다리며 왕이 마음을 바꾸기를 바랐습니다. "왕께서 행여라도 생각을 고치시길 나는 매일 바란다"라고도 했습니다. 만약 왕이 자신을 재등용한다면 제나라 백성뿐만 아니라 천하의 백성을 편안하게 할 것이라고 믿었습니다. 하지만 제선왕은 더 이상 맹자의 충언을 듣고 싶지 않았는지 그를 다시 부르지 않았습니다.

양혜왕은 역사상 그다지 알려지지 않은 왕인데 《맹자》의 첫 편에 등장하면서 유명세를 탔습니다. 하지만 좋은 모습이 아니라 노구를 이끌고 온 맹자에게 어떻게 하면 더 많은 이익을 얻을지 질문했다가 호되게 야단맞는 역할이었습니다.

등문공은 약소국의 비애를 느끼며 나라를 부강하게 만들고 싶어서 맹자의 의견을 적극 수렴하려고 했으나 여전히 그 방법론에 의구심을 품었습니다. 당장 나라를 부강하게 만들고 싶었기 때문에 맹자의 "지금은 몸과 마음을 낮추어 살고 인과 의를 실천하면서 때를 기다리라"는 충언이 통하지 않았습니다.

맹자가 "목수나 수레를 만드는 장인은 그 방법을 다른 이에게 전수할 수는 있어도 상대방에게 기교를 모두 터득하게 할 수는 없다"라고 말한 부분을 주목할 필요가 있습니다. 아무리 기술 장인이 제자에게 목공예나 수레를 만드는 것을 가르쳐주더라도 그 전부를 터득하게 할 수 없다는 말입니다. 이는 제자가 진정으로 기술을 습득하기 위해서는 꾸준히 노력해 자신의 것으로 소화해야 한다는 의미입니다.

마찬가지로 좋은 충고를 들어도 이를 받아들이고 숙성시켜서 내 것으로 만들고 실천하는 것은 오롯이 그 사람의 몫입니다. 맹자와 그의 제자들이라는 훌륭한 선생님을 제선왕, 양혜왕, 등문공은 제대로 활용하지 못했습니다. 단지 유명한 학자를 옆에 두고 경청하고 있다는 이미지만 광고한 것에 불과했습니다.

좋은 말을 받아들이기란 쉽지 않습니다. 인생의 경험이 많거나 성공한 사람이라면 더욱 그럴 것입니다. 하지만 어떠한 위치에 있든 나아지기 위해서 마음의 문을 열고 노력하는 자세가 필요합니다. 테니스나 골프를 치든지 요가나 피트니스를 하든지 간에 우리는 조금 더 잘하기 위해서 트레이너의 충고를 받아들입니다. 배우는 자세로 실천하는 사람의 실력은 계속 나아질 수밖에 없습니다. 반면 마음의 귀를 닫은 사람은 그 어떠한 변화도 이룰 수 없게 마련입니다.

좋은 약은 입에 쓰고 좋은 충고도 입에 씁니다. 누군가로부터 충고를 듣는 것이 부담되고 자존심이 허락하지 않는다면 적어도 책을 읽거나 글을 쓰면서 자신을 성찰하면 어떨까요?

임시방편으로 모면할 일과
올바르게 해결해야 할 일

───────◆◆◆───────

천하가 물에 빠지면 도로써 구해야 하고, 형수가 물에 빠진
다면 손으로 구해야 한다. 그대는 손으로 천하를 구하려고
하는가?
天下溺 援之以道 嫂溺 援之以手 子欲手援天下乎
천하익 원지이도 수닉 원지이수 자욕수원천하호

<이루 상>

말은 쉽지만 초심을 유지하면서 자신의 길을 간다는 것은 결
코 쉽지 않습니다. 어떤 음식점 사장님은 식자재 가격이 올랐
음에도 가격과 음식의 질을 그대로 유지합니다. 또 어떤 사람
은 제품을 만들거나 서비스를 제공할 때 자신의 영혼을 갈아
넣을 정도로 정성을 다합니다. 남들이 어떻게 평가하든 우선

스스로 부끄럽지 않기 위함입니다. 하지만 대부분은 이러한 사람들이 책이나 드라마에나 나오는 것이라고 생각합니다. 그래서인지 자신의 가치를 추구하면서 바른 길을 가는 사람을 응원하게 됩니다. 정치인, 기업가, 종교인, 연예인, 학자, 회사원, 자영업자 등 가릴 사람은 없습니다. 꼭 저명한 인사가 아니더라도 일상에서 바른 사고방식을 가지고 사는 사람은 주변에 '선한 영향력'을 미칩니다.

요령으로 잠깐 크게 이득은 보아도
오래 크게 이득은 못 본다

《맹자》에서 많이 인용되는 일화가 있습니다. 바로 '형수가 물에 빠지면 어떻게 해야 하느냐'는 논쟁입니다. 다소 극단적인 상황이지요. 이 이야기의 배경은 다음과 같습니다.

제나라 사람인 순우곤은 어느 날 맹자에게 이러한 질문을 했습니다.

"형수가 만약 물에 빠진다면 직접 손으로 구해야 할까요?"

당시 남녀 사이에는 물건을 직접 주고받지 않을 정도로 예를 중요시했습니다. 더군다나 형수와 손을 잡는다는 것은 군자로서 상상할 수 없는 행위입니다. 그런데 이 경우는 예외입니다. 비록 남녀 사이에 예가 중요하다고 하지만 형수가 죽을 지경인데 예를 차린다고 다른 방법을 찾는다면 그 사이에 형수는 죽을 것입니다. 맹자는 당연히 형수가 물에 빠졌는데 구하지 않는 것은 마치 승냥이와 같다고 했습니다. 남녀 사이에 예를 지키는 것은 중요하지만 형수의 손을 잡아 구하는 것은 임시변통의 방법이라고 했습니다.

그러자 순우곤은 마침내 하고 싶은 이야기를 꺼냈습니다.
"지금 이 천하가 물(도탄)에 빠졌는데, 왜 선생님께서는 구하지 않으시는지요?"
맹자는 이렇게 답했습니다.
"천하가 물에 빠졌으면 도로써 구해야 합니다. 형수가 물에 빠졌다면 임시로 손으로 구하는 것이니, 그대는 어떻게 손으로 천하를 구하려고 하는 것이오?"

순우곤은 제나라의 신하로서 천하를 평정하기 위해서는 왕권을 강화하고 주변국을 정복해야 한다고 믿었습니다. 그래서 맹자가 말한 임시방편으로 형수를 구하듯 천하를 구하는 빠른 방안을 원했습니다. 어떻게 하면 국력을 강화하고 주변국을 점령할 수 있는지 알려 주기를 기대했습니다.
하지만 맹자는 그것은 단기적 방편에 불과하다고 했습니다. 가장 중요한 것은 바로 도(道)였습니다. 백성을 위로하고, 백성에게 이익을 나누어 주고, 백성이 불행하게 살지 않도록 해야 나라의 근간이 튼튼해진다는 것이었습니다. 이 방법은 즉각 효과가 나타나지 않겠지만 중장기적으로는 국가를 단단하게 만드는 효과가 있습니다.

맹자는 탁상공론만 하는 학자가 아니었습니다. 그는 우선 백성들이 배불러야 나라가 안정된다고 믿었습니다. 복지 국가를 만들어야 주변국의 백성들이 부러워할 것이고 더 많은 인재를 영입할 수 있다고 말입니다. 그래서 주장한 제도가 바로 고대 주나라에서 행했던 '정전제'입니다. 논밭을 우물 정(井) 자처럼 아홉 등분해서 가운데 공전은 백성들이 공동으로 경작해 세금으로 내고, 나머지 여덟 곳은 백성들 소유의 재산으로 주자는 주장이었습니다. 혼란스러운 전국 시대에 현실적으로 실현하기에는 어려운 제도였지만 그만큼 맹자는 백성들의 삶의 질을 높이고 동시에 왕이 세금을 정당하게 걷게 해서 왕실의 힘도 강화시키고자 했습니다.

세상을 살다 보면 요령이 생깁니다. 내가 군이 노력하지 않고 적당하게 눈치를 보다가 이익을 취하려고 합니다. 사실 그래야 더 빨리 효과를 보고 쉽게 이득을 볼 수 있습니다. 하지만 그런 요령은 임시방편에 불과합니다. 궁극적으로는 바른 길을 가는 사람을 따를 수 없습니다.

자신의 정도를 걷는 음식점의 사장님과 다르게 이익을 더 많이 내기 위해서 더 저렴한 식자재를 쓰고, 맛의 질을 높이기 위해서 더 고민하기보다는 음식점을 확장하는 데 골몰한다면 손님들은 떠나고 말 것입니다. 휴가철이나 지역 행사 때마다 논란이 되는 바가지요금도 마찬가지입니다. 당장 비싼 요금으로 관광객들에게서 돈을 갈취할 수 있지만 이를 경험한 사람들은 다시는 그 가게나 지역을 찾지 않을 테니 소탐대실이 됩니다.

정도를 걷고 꾸준하게 노력하는 사람은 과거나 지금이나 빛이 납니다. 반면 매번 거짓된 임시방편으로 자신을 꾸미는 사람은 결국 사라지고 없습니다. 정도는 바른 길이지만 쉽지는 않습니다. 자꾸 샛길로 빠지고 싶은 생각이 듭니다. 하지만 어질고 의로운 가치를 추구한다면 유혹에 빠지지 않을 수 있습니다. 또는 빠지더라도 다시 제자리에 돌아올 수 있습니다. 정의로운 가치가 아니라면 종국에는 불편한 마음을 갖게 되는 불완전한 성공이 되기 때문입니다.

누구나 허물이 있다,
허물을 즉시 고칠 수 있는가?

◆◆◆

옛날의 군자는 허물이 있으면 고쳤지만 지금의 군자는 허물
이 있어도 그것을 따른다.

古之君子 過則改之 今之君子 過則順之

고지군자 과즉개지 금지군자 과즉순지

〈공손추 하〉

대화에 불문율이 있습니다. 정치나 종교 이야기는 하면 안
된다는 것입니다. 정치 성향이 보수와 진보로 나뉘고, 종교도
대표적으로 세 가지나 되니 괜한 이야기를 했다가 갈등을 유발
할 수 있습니다. 어떤 이들은 오히려 이 점을 잘 이용해서 자신
의 세력을 공고히 합니다. 팬 카페를 만들어서 추종 세력을 만
들기도 합니다. 이렇다 보니 자신의 잘못을 인정하는 것이 더

힘들어졌습니다. 자신을 믿고 바라보는 해바라기 같은 사람들의 기대에 어긋나면 안 되니까요. 정치계뿐만 아니라 종교계, 학계, 연예계, 일반 시민 사회, 가정에서도 동일한 현상이 발생하고 있습니다.

사회에서 가치를 이익에 두다 보니 사람들은 정말 중요한 가치를 점차 잊고 나의 이익을 우선시합니다. 개인이 그렇다 보니 집단도 그렇고, 나라도 그런 방향으로 나아가고 있습니다. 물론 경제적 부는 중요합니다. 어느 경제학자는 자신의 사회적, 경제적 지위는 어느 나라에서 태어나느냐가 절반을 차지한다고 했습니다. 아무리 내가 똑똑하고 잘나도 국가가 가난하다면 나의 지위는 하락하고 다른 국가에서 막노동이나 가사 노동을 해야 하는 것이 현실입니다. 우리나라가 과거 독일에 광부와 간호사를 대규모 파견해서 외화를 벌어들인 것처럼 말입니다.

그런데 나라가 이제는 경제적으로 선진국의 반열에 올랐는데 과연 정신적으로도 그러한지 점검할 필요가 있습니다. 오직 이익을 위해서 모든 것을 경제 논리로 따지다 보면 소수의 목소리는 사라지고 권력을 거머쥔 강한 자만이 부귀영화를 누립니다. 그래서 무엇이 옳고 그른지 따져 보는 시비지심의 정신이 필요합니다. 잘못을 했다면 인정하고 그것을 고칠 줄 아는 사람이 진정한 대인이고 군자의 모습입니다. 군자가 많이 생길수록 국가는 질적으로도 선진국의 반열에 올랐다고 말할 수 있을 것입니다.

허물을 덮고 가는 사람,
허물을 고치고 가는 사람

전국 시대 제나라의 중흥기를 이끌었다고 평가받는 제선왕은 이웃 나라인 연나라를 공격해서 점령했습니다. 당시 연나라에서는 왕과 태자가 싸우면서 내분이 일어났기 때문에 이 기회를 틈타 수도인 '계'를 50일 만에 함락했습니다.

문제는 제나라 군대가 수도를 점령한 후 백성들을 위로하고 안정화하는커녕 약탈을 자행해서 연나라 백성들의 공분을 샀다는 점입니다. 결국 연나라에서 반란이 일어났습니다. 이에 대해서 제선왕은 맹자에게 부끄러운 마음이 들었습니다. 맹자가 강조한 왕도 정치를 제대로 시행하지 못했기 때문입니다. 덕으로써 연나라 백성들을 위로했다면 쉽게 반란이 일어나지 않았을 테니까요.

제나라 대부 진가는 왕을 위로하기 위해서 주공과 그의 형 관숙의 예를 들었습니다. 주나라를 세운 주무왕에게 셋째 아우인 관숙과 넷째 아우 주공이 있었습니다. 주공은 무왕이 세상을 떠나자 무왕의 아들 성왕을 받들어서 정치를 했습니다. 이때 형 관숙이 예전 은나라 지방을 통치하도록 했으나 결국 다른 동생 채숙과 반란을 일으켰습니다.

진가는 맹자를 뵙고 이렇게 질문했습니다.

"주공은 관숙에게 은나라를 관리하게 했는데, 그가 배반을 했으니 이것은 결국 성인도 허물이 있는 것이 아닙니까?"

즉 주공이 아무리 성인으로 칭송을 받아도 그 또한 잘못된 판단으로 형이 반란을 일으키도록 했다는 것입니다. 만약 이를 알고 임명했다면 고통받을 백성을 생각하고도 인하지 못한 처사였고, 알지 못하고 임명했다면 지혜가 부족했다는 것입니다.

여기에 대해서 맹자는 주공의 잘못을 인정했습니다.
"주공은 동생이고 관숙은 형이었습니다. 주공의 허물은 당연한 것 아니겠습니까?"

가족으로서 아우가 형을 믿은 것이 실수였다는 점입니다. 그는 여기에서 그치지 않았습니다.
"옛날의 군자는 허물이 있으면 고쳤지만 지금의 군자는 허물이 있어도 그것을 따릅니다."

주공은 자신의 잘못을 인정하고 이를 바로 고치기 위해서 노력했다는 뜻입니다. 주공은 은나라의 후손과 결탁하여 반란을 일으킨 관숙의 군대를 정벌하고 이후 낙양을 도읍으로 정해서 정국을 안정화했습니다. 주공은 자신의 위치에서 최선을 다했고, 성왕이 장성하자 자리를 물려주고 자신의 봉읍지로 돌아갔습니다.

맹자는 주공단의 사례를 통해서 제선왕이 스스로 깨치기를 바란 것 같습니다. 연나라 백성이 반란을 일으킨 진정한 이유를 파악하고 앞으로는 전쟁보다 덕치를 행하는 선정을 펴서 백성들이 편안하게 살 수 있기를 원했습니다. 하지만 제선왕의 아들 제민왕도 정복 전쟁에 빠져들어서 주변국의 원망을 샀습니다. 이윽고 연나라 소왕이 내세운 전설의 명장 악비를 필두로 연합군이 제나라를 공격하자 수도 임치가 함락되고 제나라는 멸망 직전까지 가는 위기에 처합니다.

〈공손추 상〉에서 언급된 《서경》의 〈태갑〉은 은나라를 세운 탕왕의 손자이면서 세 번째 임금인 태갑(태종)에 대한 글입니다. 태종이 즉위 후 포악무도하자 개국 공신 이윤은 그를 내쳐서 가두었습니다. 3년이 지난 후 그가 깊게 반성하는 모습을 보이자 다시 보위에 오르게 한 후 지은 내용입니다. 무려 4,000여 년 전의 사건이지만 후대에도 경종을 울립니다. 신하가 왕을 벌한 것도 놀라운 일이지만 왕도 진심으로 반성 후 성군으로 거듭난 것은 더욱 놀랍습니다.

2022년 한국 사회를 대표하는 사자성어는 공자가 말한 '과오가 있어도 고치지 않는다'는 뜻의 과이불개(過而不改)였습니다. 2023년 한국 사회를 대표하는 사자성어는 장자가 말한 '이로움을 보자 의로움을 잊는다'는 뜻의 견리망의(見利忘義)입니다. 수천 년 전이나 지금이나 시대를 떠나서 늘 화두는 '정의'였습니다. 개인이나 사회나 잘못을 바로잡는 것은 물이 아래로 흐르듯 인생의 순리와 같습니다. 이를 역행해서 산다면 나중에 큰 화를 당할 수밖에 없습니다.

진정한 어른이라면 나의 잘못을 인정하고 고치는 자세가 필요합니다. 이는 사회의 지도층, 지식인이 앞장서야 합니다. 물론 평범한 사람들도 역시 잘못을 했으면 인정하고 고치는 노력이 필요합니다. 그것은 일상생활에서 벌어지는 사소한 일부터 시작할 수 있습니다.

이익을 위하면 아부고
선을 위하면 설득이다

◆◆◆

증자가 말씀하시기를 어깨를 움츠리고 아첨하면서 웃는 것
이 여름에 밭일을 하는 것보다 힘들다고 하셨다.
曾子曰 脅肩諂笑 病于夏畦
증자왈 흡견첨소 병우하휴

〈등문공 하〉

정치권에서는 '정무적 판단'이라는 표현이 종종 등장합니다.
정무(政務)는 '정치나 국가 행정에 관련된 사무'를 뜻합니다. 여
기에서의 정무적 판단은 객관적인 논리나 윤리적인 판단이 아
니라 '그때그때 정치적, 행정적 상황에 맞추어서 판단한다'를 뜻
합니다. 쉽게 말하면 정치적 판단입니다. 어떤 정치인이 "정무
적 판단이다"라고 해서 유행하게 된 말이기도 합니다.

저도 회사 생활을 하면서 '정무 감각'이라는 말을 많이 들었습니다. 탁월한 판단과 의사 결정을 하려면 나만 옳다고 주장해서는 안 되고 상대방의 의견도 존중해서 경청할 줄 알아야 합니다. 그렇게 타협점을 찾아가는 것이 정무적인 일 중의 하나입니다. 이를 잘못 해석해서 정무 중 사무를 뜻하는 '무'보다 정치의 '정'에 더 집중해 상사의 눈치를 보고 불필요한 아부를 하는 경우도 많습니다. 사실 좋은 결과를 내기 위해서 정치적인 면도 필요하지만, 그것이 과할 때가 문제입니다.

아무리 올곧게 살아온 사람이라도 거대한 벽에 부딪힐 때는 타협을 하게 마련입니다. 처음에는 그 벽을 부수기 위해서 손에서 피가 나도록 두드리더라도 말입니다. 하지만 피가 터지도록 두드려도 꿈쩍이지 않는 벽을 마주하면서 선택을 합니다. 타협을 하거나 아예 회피를 하는 것입니다. 어느 정도 타협을 한 것이 공자와 맹자의 사상이고, 이를 아예 외면한 것이 노자와 장자의 사상입니다.

공자는 노나라에서 왕을 쥐락펴락하는 세도가를 증오해 망명을 가기도 했지만 국가의 안정을 위해서 권력자들에게 조언을 아끼지 않았습니다. 또한 신임하는 제자도 추천해서 이들이 백성들의 고난을 조금이나마 해결해 주기를 원했습니다.

노자는 공자의 인과 예에 기반을 둔 도덕 정치를 위선적이라고 비난했습니다. 아마 공자의 뜻은 존중했지만 현실적으로 적용하기에 불가능하다고 여겼기 때문이리라 추측합니다. 춘추 시대 말기에 아무리 눈 씻고 찾아보아도 진정으로 백성을 위하고 평화를 위해서 노력하는 군주는 보이지 않았던 것입니다. 강대국은 호시탐탐 약소국을 노렸고 약소국도 생존을 위해서 어쩔 수 없이 현실적인 선택을 해야 했습니다.

공자가 예에 관해서 묻자 노자는 부질없다는 표정으로 대답했습니다.

"그대는 교만과 지나친 욕망과 야심을 버리시오."

그러함에도 공자는 자신이 믿는 인과 예의 가치를 실현하기 위해서 동분서주했습니다. 50대 중반에 14년간 천하를 주유했습니다. 과연 어떤 사람이 50대의 중반에 삶의 모든 기반을 버리고 망명을 다니면서 자신의 가치와 목표를 위해 노력할 수 있을까요? 공자는 세상의 높은 벽을 절감했지만 그래도 노력을 게을리하지 않았고, 그의 제자들이 공자의 사상을 집대성해서 후세에 전수했습니다. 그중 한 명이 맹자입니다. 맹자는 유학사상을 체계화해서 세상에 뿌리를 내릴 수 있도록 했습니다.

모두가 자기 자리에서
최선을 다하면 되는 세상을 꿈꾸다

맹자도 호락호락한 사람은 아니었습니다. 왕이 인과 의를 해쳐서 자격이 없다면 서슴없이 필부, 즉 신분이 낮은 보잘 것 없는 사내와 마찬가지라는 말을 해서 왕의 간담을 서늘하게 했습니다. 왕이 감기 때문에 약속을 미루자 자기도 왕을 만나지 않겠다면서 피했습니다. 그런데도 위정자들이 맹자를 계속 찾은 것은 그만큼 그의 현실적인 조언이 통치에 필요했기 때문입니다. 전국 시대의 칠웅, 일곱 개의 나라는 실력이 비등비등했기 때문에 균형추를 자신에게 옮기고 싶었던 것입니다.

제나라 선왕도 그중 한 명이었습니다. 그는 제자백가를 등용해 참모로 활용했습니다. 경청하는 왕에게서 희망을 보고 맹자도 조언을 아끼지 않았습니다. 하지만 막상 제선왕이 듣기만하고 실천하지 않자 맹자는 실망하고 그를 떠났습니다.

맹자의 노년은 공자처럼 잘 기록되어 있지 않지만 아마도 말년에 제자들과 저서를 편찬하는 데 집중했을 것이라고 후대의학자들은 추정합니다.

어느 날 제자 공손추가 맹자에게 질문했습니다.

"스승님, 제후를 만나지 않는 것이 어떤 이유에서입니까?"

다른 유세가들은 문지방이 닳도록 위정자들을 만나는데 맹자는 그렇지 않아서였습니다.

맹자는 이렇게 답했습니다.

"예전에는 신하가 되지 않으면 군주를 만나지 않았다. 단간목은 담장을 넘어서 피했고, 설류는 문을 닫고 들이지 않았다. 하지만 이는 너무 심한 경우이고, 만약 만나려는 뜻이 간절하다면 만나 볼 수 있는 것이다."

맹자는 신하가 아닌 이상 군주를 자주 만날 필요는 없지만 그렇다고 피하는 것은 상책이 아니라고 했습니다. 만약 군주가 꼭 만나기를 원한다면 면담을 하는 것이 바람직하다고 했습니다. 맹자는 제나라에서 '경'이라는 직책을 맡았습니다. 이는 대부보다도 높은 위치였습니다. 하지만 맹자는 군주에 직속된 벼슬이 아니라 조언자 역할을 했기 때문에 굳이 왕을 매일 알현할 필요가 없었던 것입니다.

맹자는 자신의 성격상 아부를 못 한다는 것을 알고 있었습니다. "증자가 말씀하시기를 어깨를 움츠리고 아첨하면서 웃는 것이 여름에 밭일을 하는 것보다 힘들다고 하셨다"라는 말도 했습니다. 또한 "공자의 다른 제자 자로도 '나와 뜻이 같지 않은데 마치 같은 것처럼 억지로 말하는 사람의 얼굴빛을 보면 무안해서 붉어져 있다. 이는 내가 배울 바가 아니다'라고 했다"고 맹자는 전했습니다.

맹자는 자신이 추구하는 정치적 이상이 있었습니다. 왕은 왕답게, 신하는 신하답게, 백성은 백성답게 각자의 분야에서 최선을 다하고 평화로운 세상을 만드는 것이었습니다. 그랬기 때문에 그는 권력자들의 마음가짐을 바꾸기 위해서 인과 의를 강조하면서 소통했던 것입니다. 그도 정무적 판단을 했지만 '정'보다는 역시 실직적인 행정 분야인 '무'에 더 집중해서 왕을 설득했습니다.

나이 오십에 이르면, 세상의 풍파를 겪으면서 뾰족한 면도 많이 무뎌지게 마련입니다. 이것을 나쁘게 이야기하면 불의와 타협했다고 할 수 있지만, 타협을 통해서 세상을 더 낫게 만들 수 있습니다. 오직 나의 뜻이 옳고 타인의 말을 듣지 않는다면 이루어지는 것은 아무것도 없습니다. 나이가 들수록 정무적 감각과 판단이 중요한 이유입니다. 물론 가장 중요한 것은 가치입니다. 개인적인 부와 명예가 아니라 보다 큰 선을 목표로 할 때 정무적 판단이 빛을 발휘할 것입니다.

중심을 잡는 건
잃어버린 마음을 찾는 것

◆◆◆

사람들은 닭이나 개를 잃어버리면 찾을 줄 알지만 마음을 잃
어버리고 나서는 되찾을 줄 모르는구나.

人有雞犬放 則知求之 有放心 而不知求

인유계견방 즉지구지 유방심 이부지구

<고자 상>

살면서 누구나 유혹을 겪습니다. 불안정한 경기에 다른 사람
들의 수익률에 혹해서 투기를 하거나 한탕주의로 도박을 하는
경우도 있습니다. 가끔씩 대박이 나서 회사를 그만둔 사람들이
있지만 나도 그렇게 될 확률이 벼락을 맞을 확률보다 낮을 것
입니다. 일반적으로 개인 투자자 90퍼센트가 단기적으로 손실
을 본다고 알려져 있으니까요.

뒤늦게 허파에 바람이 드는 일도 생깁니다. 다른 이성에 눈을 뜨고 극단적으로는 가정이 파탄나는 일도 심심치 않게 생깁니다. 미국 전직 대통령의 외도, 불륜은 많은 이에게 충격을 주었습니다. 일반인은 두말할 나위도 없습니다. 어느 이혼 전문 변호사는 상상 이상으로 불륜이 많이 발생하기 때문에 평소 경계하는 마음을 가져야 한다고 경고합니다. 배우자를 경계하라는 말도 되지만 그러한 관계에 이르지 않도록 서로 노력해야 하고, 나 자신도 흔들리지 않도록 스스로 경계해야 한다는 말이기도 합니다.

돈을 벌고 명예와 지위가 높아질수록 유혹이 더 커집니다. 주변에서 꿀같이 달콤한 말을 하고 나의 눈치를 보니 자연스럽게 의기양양해집니다. 어깨에 힘도 들어갑니다. 그렇게 몸과 마음이 들뜨기 시작하면 자꾸 다른 생각이 듭니다. 가정보다는 사회에서 나의 위치를 더 즐기고자 합니다. 그런 위치가 아니더라도 집에 있기보다는 친구나 동료와 어울립니다. 혼자 사는 사람이라면 그나마 낫지만 가정이 있는 사람이라면 불행의 씨앗이 됩니다. 맞벌이인 경우는 더욱 그럴 것이고, 외벌이인 경우도 별반 다르지 않습니다.

미혹되지 않으려면 어떻게 해야 할까요? 당연히 나의 중심을 바로잡아야 합니다. 주변의 시선과 말에 우쭐하고 정도에서 벗어날 수 있지만 다시 초심으로 돌아오는 중심이 필요합니다.

마음을 잃지 않으면
미혹되지 않는다

맹자가 말했습니다.

"인은 사람의 마음이고 의는 사람의 길이다."

사랑이라는 인을 잊지 않으면 가족에 대한 사랑을 지키고, 가장이나 자식으로서 나의 위치인 의를 지킬 겁니다. 주변에 유혹이 도사려도 가족을 생각한다면 자제할 것이고, 아빠, 엄마, 남편, 아내, 아들, 딸로서의 위치를 생각한다면 그 자리를 잃지 않기 위해서 분별심을 가질 것입니다.

맹자는 "사람들은 닭이나 개를 잃어버리면 찾을 줄 알지만 마음을 잃어버리고 나서는 되찾을 줄 모르는구나"라고 한탄했습니다. 사람들은 물질적인 것은 잃어버릴까 봐 연연하지만 정작 자신을 잃는 것에는 크게 신경을 쓰지 않는다는 뜻입니다.

맹자는 이렇게 강조했습니다.

"학문의 길은 다른 길이 없으니 그 잃어버리는 마음을 되찾는 것이다."

학문이라는 것을 거창하게 생각할 필요는 없습니다. 책을 읽고 사색하며 나에게 진정으로 소중한 것이 무엇인지 깨닫는 것입니다. 학문은 결국 배우고 질문하는 자세이기 때문입니다.

이러한 학문적 자세를 갖지 않는다면 언제든지 흔들릴 수 있습니다. 목표를 잃은 배는 항구에 정박하지 못하고 암초를 만나서 난파선이 되기 십상입니다.

조선 중기 때 선비인 서경덕은 당시 뛰어난 학자로 명성이 자자했습니다. 어머니가 공자 사당에 들어가는 꿈을 꾸고 서경덕을 임신했다고 할 정도로 유학자로서의 인생이 이미 정해진 것이나 다름없었습니다. 집은 가난했지만 서당에서 한문을 깨우친 후 스승 없이 혼자서 사서오경을 독파했습니다. 이후 꾸준히 학문을 연구하고 후학 양성에 매진했습니다.

당시 서경덕과 더불어 또 한 명의 유명인이 있습니다. 바로 절세의 미모와 학식을 겸비한 황진이입니다. 그와 그녀, 박연폭포는 개성의 송도삼절로 꼽힐 만큼 명성이 자자했습니다. 개경에서 가장 유명했던 기생 황진이가 서경덕의 인품을 시험하기 위해서 일부러 비를 흠뻑 맞고 젖은 채 그를 유혹하려고 했으나, 이 학자는 꿈쩍도 하지 않아서 그녀를 감동시켰다는 야사도 전해집니다.

서경덕과 같은 고매한 품격을 가진 사람이 아니라면 아름답고 매력적인 그녀의 모습을 보고 웬만한 사람은 그 유혹을 견기기 힘들 테지요.

정약용도 《목민심서》에서 "군자에게 배움은 자기 수양이 반을 차지하고 목민이 나머지 반을 차지한다"라고 했습니다. 자기 수양은 마음이 흔들리지 않도록 끌어올리기 위해 도덕적으로 갈고닦는 일입니다. 지방 권력의 정점인 현령의 자리에 있다 보면 여러 유혹거리가 생길 것입니다. 하지만 목민관은 수양과 절제를 통해서 그것을 극복하고 '백성을 잘 다스린다'는 뜻인 '목민'으로서 백성들이 편안하게 생업에 종사하도록 해야 합니다. 그래야 백성도 평안하게 잘살고 한 고을뿐만 아니라 나라도 무탈하게 유지됩니다. 물론 목민관 자신도 평온한 마음을 유지할 수 있을 겁니다.

'나는 어떻게 인생을 살아야 할까?'
'나의 인생에서 가장 중요한 가치는 무엇인가?'
'즐거움과 쾌락에 빠졌을 때 내가 희생할 것은 무엇인가?'

맹자가 강조한 바와 같이 나의 마음을 잃지 않기 위해서 공부하고 끊임없이 질문한다면 답을 찾을 수 있다고 생각합니다. 이제 나의 주변을 한번 둘러보시지요. 나를 유혹하는 것은 무엇인가요? 욕심이나 탐욕인가요? 아니면 다른 무엇이 나의 마음을 잃게 하고 있는지요? 스스로 묻고 답해 보길 바랍니다.

효를 아는 사람은
옳고 그름도 안다

---◆◆◆---

죽은 자를 위해 흙이 피부에 닿지 않게 한다면 자식된 마음
에 어찌 만족스럽지 않겠는가? 내가 듣기로 군자는 천하의
재물 때문에 그 부모에게 검소하게 하지 않는다고 했다.

且比化者 無使土親膚 於人心 獨無恔乎 吾聞之也 君子
不以天下儉其親

차비화자 무사토친부 어인심 독무교호 오문지야 군자
불이천하검기친

<공손추 하> 4.7

孝(효)는 老(늙을 노)의 생략체와 子(자식 자)의 조합으로 자
식이 노인을 도와서 받드는 데에서 유래했습니다. 인과 예를
실천하는 방법 하나는 효를 통해서입니다. 그리고 부모에 대한

효가 임금과 국가로 확장된 것이 충(忠)입니다. 동양에서 효는 굉장히 중요한 덕목이고, 성인군자가 되기 위해서는 효심이 필요 충분조건입니다. 아무리 학식이 뛰어나더라도 효의 정신이 없다면 그 사람은 결코 군자로 인정받지 못했습니다. 그렇다면 우리는 왜 여전히 효에 대해서 이야기해야 할까요? 최첨단 AI 시대를 맞이했고, 화성을 탐사하기 위해서 로켓을 발사하고 있는 인류에게 말입니다.

효는 모든 사랑의 근본이기 때문입니다. 동양뿐만 아니라 서양에서도 마찬가지입니다. 부모를 공경하고 사랑하는 것이 인과 예의 기본입니다. 내가 아무리 사회적으로 성공했다고 해도 부모와 관계가 좋지 않거나 심지어 서로 미워하는 관계라면 진정 성공했다고 할 수 없습니다. 물론 부모가 부모 역할을 제대로 못하고 오히려 자식에게 폐를 끼친다면 애초에 올바른 부모 자식 관계는 아닐 것입니다. 하지만 우리 사회에 대부분의 부모는 자식의 안녕과 성공을 바라면서 무한한 애정을 쏟고 있습니다.

저도 마찬가지입니다. 타인에게는 결코 쏟을 수 없는 애정을 자식들에게 줍니다. 조건 없는 사랑이 딱 들어맞는 관계가 바로 부모 자식 간입니다. 저도 지금까지 성장한 것이 부모님의 덕이라고 할 수 있습니다. 부모님의 꾸준한 사랑과 관심 덕분에 현재에 이를 수 있었습니다. 그러한 우리는 자식이 부모의 정을 무시하고 감사하지 않으면 배은망덕(背恩忘德)하다고 말합니다.

배은망덕은 '은혜를 배반하고 덕을 잊는다'는 뜻입니다. 그만큼 부모의 은혜를 잊지 말라는 의미입니다.

부모의 은혜에 감사하고 그 은혜를 갚기 위해서 열심히 공부하고 일하고 용돈도 드리는 것은 누가 시킨 것이 아닙니다. 주변의 눈치를 봐서도 아닙니다. 마음에서 우러난 행동입니다. 나이가 들어서도 여전히 부모의 건강을 신경 쓰고 최선을 다해 봉양한다면 그 모습을 보고 자란 자식들도 부모의 사랑을 보다 진지하게 생각하게 될 것입니다.

반면 부모에게 많은 것을 받았음에도 나이가 들면서 감사한 마음을 잊고 오히려 부모를 홀대하는 경우도 있습니다. 언젠가 부모 집에 가서 식사하는 것을 귀찮게 여기는 사람을 보았습니다. 그 사람을 지켜보니 부모뿐만 아니라 다른 사람들에게도 야박하게 대했습니다. 역시 효의 마음을 모르는 것은 인과 예를 모르는 것과 마찬가지라고 생각하게 되었습니다.

엄마의 사랑과
아들의 사랑

맹자의 어머니는 맹모삼천지교라는 고사성어로 유명합니다. 널리 알려진 대로 맹자의 어머니는 자식 교육을 위해 이사를 다니면서 적극적으로 노력했습니다. 거기에 감사한 마음이 있었던지 맹자는 어머니의 사랑에 늘 보답하고자 했습니다.

맹자가 제나라에서 벼슬을 하고 있을 때 사랑하는 어머니가 돌아가셨습니다. 그는 고국인 노나라로 돌아가서 어머니의 장례를 치렀습니다. 그가 장례를 마치고 제나라로 돌아오는 중에 '영'이라는 땅에 잠깐 머물렀습니다. 그때 관 짜는 일을 맡았던 제자 충우가 마음속에 있던 생각을 스승에게 털어놓았습니다.

"스승님, 지금에야 여쭈어 봅니다. 어머님 장례식 때 쓴 관의 나무가 지나치게 화려했던 것 같습니다."

그러자 맹자는 이렇게 대답했습니다.

"단지 관곽(내관과 외관)을 아름답게 하기 위함이 아니라 사람의 마음에 정성을 다하기 위함이다. 옛사람들도 재물이 있다면 모두 좋은 목재를 쓰기 때문에 당연히 그렇게 한 것이다."

즉 죽은 부모의 피부가 흙에 닿지 않도록 하기 위함이었습니다. 관에 쓴 목재가 쉽게 썩거나 무너져서 시신이 금방 상하게 되는 일은 자식이 된 도리로서 있어서는 안 된다는 이야기입니다. 비록 제자 충우의 답변은 기록되어 있지 않지만 제자는 분명히 스승의 깊은 효심에 감복했을 것입니다.

이 일에 관한 또 다른 이야기가 있습니다. 노나라 평공이 맹자를 만나려고 할 때 장창이라는 신하가 맹자는 뒤 초상(어머니 상)을 앞 초상(아버지 상)보다 성대하게 한 자이므로 만나지 말라고 했습니다. 그러자 다른 신하인 악정자가 안타까워하면서 아버지가 돌아가셨을 때는 선비의 예로서 한 것이고, 어머니가 돌아가셨을 때는 대부의 예로서 했기 때문이라고 설명했습니다.

다시 말하면 어머니가 돌아가셨을 때 조금 더 경제적인 여유가 있었기 때문에 성대하게 장례를 치렀다는 의미입니다. 물론 경제 능력도 차이가 났겠지만 맹자는 어머니에게 늘 큰 빚을 지고 있다고 생각했기 때문에 관을 더 튼튼하고 단단하게 만들어서 효심을 표했던 것입니다.

맹자는 바르게 자라 어머니에 대한 애틋한 사랑을 효로 나타냈습니다. 그리고 이러한 따뜻한 마음은 임금과 신하, 백성을 위하는 인과 예, 충으로 발현되었습니다. 이러한 효의 정신을 아이들에게 잘 보여 줄 필요가 있습니다. 부모가 자신을 낳은 부모를 함부로 한다면 아이들도 그 모습을 보고 배울 것입니다. 또한 효의 가치를 모르고 자란 아이들은 사랑을 제대로 이해하지 못하고 각박한 마음을 가지게 될 겁니다.

나는 좋은 친구가 있는가?
나는 좋은 친구인가?

❖❖❖

나이가 많다고 뽐내지 않고 귀한 지위에 있는 것을 뽐내지
않고 형제의 부귀를 뽐내지 않고 친구와 사귀는 것이다.
不挾長 不挾貴 不挾兄弟而友
불협장 불협귀 불협형제이우

〈만장 하〉

"친구는 제2의 자신이다"라는 말이 있습니다. 그만큼 고대부
터 현재까지 사람에게 가족만큼 중요한 존재가 친구입니다. 친
구는 공통의 추억을 가지고 있다는 것만으로 어디에 있든 무엇
을 하든 함께 모이게 됩니다. 만나면 사는 이야기, 추억 이야기
에 시간 가는 줄을 모릅니다. 새로운 일과 취미를 공유하고 같
이할 수도 있습니다.

친구는 꼭 동년배만 말하지 않습니다. 사회에서 나보다 나이가 많거나 적더라도 서로 생각이 비슷하고 배우는 관계라면 친구가 될 수 있습니다. 외국에는 그러한 친구 관계가 종종 있습니다. 나이 많은 교수와 제자, 사회적 명사와 젊은 유망주가 멘토와 멘티의 관계이면서 동시에 오랜 친구가 됩니다.

그래서 나이가 들어서도 친구를 잘 사귀어야 합니다. 우리는 잊을 만하면 친구한테 배신당해서 실의에 빠진 사람, 극단적인 선택을 한 사람을 접합니다. 분명 나에게 간과 쓸개를 다 내줄 것 같았던 친구가 이익 앞에서 가차 없이 배신합니다. 그래서 절친한 친구일수록 돈거래를 하지 말라는 옛 조언도 있습니다.

'관포지교(管鮑之交)', '금란지교(金蘭之交)', '수어지교(水魚之交)', '백아절현(伯牙絶絃)' 등 친구가 중요한 만큼 관련한 고사성어도 많습니다. 그런데 서로의 사정을 너무 잘 알고 배려하는 관중과 포숙아와 같은 친구, 금이나 난초같이 귀하고 향기를 풍기는 친구, 물과 물고기처럼 떼려야 뗄 수 없는 친구, 자기의 음악을 알아주는 벗이 죽자 줄을 끊은 백아와 같은 친구를 찾기는 힘듭니다.

아무 조건 없이 사람 대 사람으로 만나는 관계란

맹자의 제자 만장이 스승에게 여쭈었습니다.

"스승님, 감히 벗을 사귀는 도리가 무엇인지 여쭈어 봅니다."

그러자 맹자가 말했습니다.

"나이가 많다고 뽐내지 않고 귀한 지위에 있는 것을 뽐내지 않고 형제의 부귀를 뽐내지 않고 친구와 사귀는 것이다."

친구를 사귈 때는 내가 나이가 많다고 무시하지 않고, 높은 위치에 있다고 자랑하지 않고, 부모와 형제가 잘 산다고 으스대지 않아야 한다고 말했습니다. 내가 상대방보다 나이나 지위가 우위에 있음을 자랑하면서 사귄다면 그와 수평적인 관계가 아닌 수직적인 관계가 될 것입니다. 나는 그를 친구라고 생각하지만 상대방은 그렇게 생각하지 않을 것입니다.

가족의 부와 명예를 자랑해도 안 됩니다. 내 부모의 사회적 지위가 높고, 형제와 자매도 그렇다고 자랑하면 그는 나라는 사람보다는 나의 배경을 볼 수 있습니다. 그가 나를 이익을 취할 대상으로 보지 않더라도 내가 이용당한다고 생각할 수도 있습니다. 언제든지 배신을 당하거나 멀어질 수 있는 관계입니다. 요새 안타까운 것은 아이들조차도 부모가 어떤 일을 하는지 서로 물어보고 자랑한다는 점입니다. 아이들도 이익을 중요시하는 부모의 교육으로 이렇게 변하지 않았나 싶습니다.

맹자는 맹헌자의 예를 들었습니다. 그는 수레 100대를 가지고 있는 부자였습니다. 그에게는 벗이 다섯 명 있었는데, 맹헌자는 이들과 사귈 때 자신의 집안을 자랑하지 않았습니다. 벗들도 맹헌자가 대부의 집안 사람이라는 것을 의식하지 않고 진심으로 우정을 나누었습니다.

진평공도 마찬가지였습니다. 그는 군주의 신분임에도 해당이라는 사람과 벗으로 어울려 지냈습니다. 그와 함께 거친 밥과 나물국을 배불리 먹을 정도로 소탈한 우정을 나누었습니다. 진평공은 해당을 신하로 삼지 않았고 어진 친구로 존경하고 교분을 나누었습니다.

요임금과 순임금도 친구 같은 관계였습니다. 요임금이 사위인 순임금을 별궁에 머물게 하고 음식을 대접하였으니 이는 천하를 다스리는 자가 평범한 사내를 벗으로 대한 것입니다.

맹자는 말했습니다.

"아랫사람이 윗사람을 공경하는 것을 귀귀(貴貴)라고 하고, 윗사람이 아랫사람을 공경하는 것을 존현(尊賢)이라고 하니, 귀귀와 존현은 그 뜻이 같다."

아랫사람이 윗사람을 공경하는 것은 귀한 사람을 귀하게 여기는 것이고, 윗사람이 아랫사람을 공경하는 것은 현자를 존중하는 것이라는 의미입니다. 이러한 관계는 동양 사회의 미덕이라고 할 수 있습니다. 고압적인 상하 관계가 아니라 서로를 인정하고 존중하고 귀하게 여기는 것이 진정한 벗의 관계입니다. 유비와 제갈량의 관계가 바로 이러했습니다. 이들은 서로를 존경하고 귀하게 여기면서 수어지교를 나누었습니다.

한 가지 주의해야 할 점이 있습니다. 내가 사회적 위치나 지위와 상관없이 그 사람을 친구로 대해도 상대방은 나와 다르게 생각할 수 있습니다. 나를 이용하거나 또는 불이익을 당하지 않기 위해서 가면을 쓰고 대할 수 있겠지요. 그러므로 그 사람의 말을 잘 살펴야 합니다. 이를 맹자는 '지언(知言)'이라고 했습니다. 상대방이 도리에 맞는 말을 하는지 아닌지를 구분하는 것입니다. 별다른 이유 없이 나를 띄워 주거나 칭찬한다면 다른 의도가 있을 수 있습니다. 그것을 알고서도 달콤함에 취한다면 진정한 친구를 사귈 수 없을 것입니다.

지금 내 주변을 한번 둘러보시지요. 나에게 좋은 친구가 있나요? 남은 인생에서 지식과 지혜, 인생의 기쁨과 고통을 나눌 사람이 있을까요? 만약 그러한 사람이 없다면 내가 사람들을 대하는 방식을 한번 돌아보기 바랍니다. 나는 과연 나의 나이나 지위에 기대서 사람들을 사귀려고 하는지요? 아니면 사람 대 사람으로 그들을 존중하고 귀하게 여기고 있는가요?

상대가 마음을
여는지 닫는지 보라

◆◆◆

그 나라를 취해서 연나라 백성들이 기뻐한다면 취하십시오.
취해서 연나라 백성들이 기뻐하지 않으면 취하지 마십시오.
取之而燕民悅 則取之 取之而燕民不悅 則勿取
취지이연민열 즉취지 취지이연민불열 즉물취

〈양혜왕 하〉

살다 보면 심정적으로 어려울 때가 있습니다. 경쟁을 하거나
차별화를 해야 할 때입니다. 특히 주변의 경영자들을 지켜보
면 늘 경쟁에 따른 피곤함이 보입니다. 좋은 시장을 개척해도
곧바로 다른 경쟁자가 들어오면 또 싸움이 시작됩니다. 그래서
기업들은 자기만의 해자를 구축해서 블루 오션을 만들고자 합
니다. 방법 중의 하나는 상대방 회사를 인수해서 경쟁자를 시장

에서 사라지게 하는 것입니다.

다만 주의해야 할 점이 있습니다. 인수당한 구성원들이 인수를 환영해야 합니다. 안 그러면 '1+1=2'가 아니라 '1+1=0.5'가 될 수 있습니다. 즉 시너지를 내는 게 아니라 오히려 사기와 실적을 떨어뜨려서 기존의 회사 구성원들에게도 부정적인 인식을 심어줍니다. 그래서 회사들은 인수 후 피인수 회사를 되도록 그대로 두어서 민심을 유지하려고 합니다.

인수할 때 가장 중요한 점은 바로 정당성입니다. 정당성은 인수자나 피인수자가 모두 동의와 공감을 하는 것입니다. 물론 쉽지는 않습니다. 인수되는 입장에서는 고용 및 현 시스템의 변화에 대한 불안감이 있습니다. 따라서 충분한 명분이 필요합니다.

개인도 마찬가지입니다. 직장 생활을 하면서 누군가를 설득해야 할 일이 많습니다. 조직을 이끄는 리더라면 팀원들을 설득해서 업무를 진행해야 하고, 리더가 아니더라도 다른 조직의 사람을 설득해서 일해야 합니다. 이럴 때 대부분이 이익을 많이 이야기합니다. 예를 들어 일을 성공하면 회사의 실적이 좋아지고, 그래서 더 많은 보너스를 받게 된다고 말이지요. 그런데 이익이 중심이 되다 보면 사람들은 이익만 쳐다보게 되고 잘못된 판단을 내리기도 합니다. 이익을 높이기 위해서 제품이나 서비스의 품질을 떨어뜨리는 경우도 있습니다.

자동차 기업 도요타는 전 세계 점유율 순위 1, 2위를 다투는 회사였습니다. 그런데 2009년부터 2010년까지 일명 '페달 게이트'로 불리는 자동차 급발진 사건이 터졌습니다. 이 문제로 1,000만 대가 넘는 자동차가 리콜이 되었습니다. 회사는 큰 어려움을 겪었고 회복하는 데 오랜 시간이 걸렸습니다. 극도의 원가 절감을 하다 보니 발생한 현상입니다. 당시 도요타의 부사장은 "아시아 지역 자동차 업체의 물량 공세 때문이었다"라는 변명 아닌 변명을 해서 빈축을 샀습니다.

맹자의 말을 핑계 삼아
연나라를 취한 제나라

맹자가 쓴 한 가지 오명이 있습니다. 제나라는 비슷한 국력인 만승의 나라 연나라를 공격해서 50일 만에 점령했습니다. 그런데 그 정당화와 동기 부여를 맹자가 했다는 것입니다.

제나라가 연나라를 정벌하자 누군가 맹자에게 이렇게 물었습니다.

"선생님께서 제나라에게 연나라 정벌을 권했다고 하는데, 그런 적이 있으신지요?"

그러자 맹자는 바로 부인했습니다.

"아니다. 심동이 '연나라를 정벌할 수 있을까요?'라고 질문해 내가 가능하다고 해서 그들이 정벌한 것이다. 하지만 만약 누가 그들을 정벌할 수 있느냐고 질문했다면 나는 하늘이 낸 벼슬자리에 있는 사람만이 정벌할 수 있다고 했을 것이다."

맹자는 제나라가 연나라를 정벌할 수 있지만 그것은 아무나 할 일이 아니라고 했습니다. 그만한 명분과 자격을 갖춘 자만이 할 수 있다고 강조했습니다.

맹자는 전쟁을 반대하는 입장이었지만 백성들이 고통과 핍박을 받는 상황이고, 그들이 해방을 원한다면 전쟁으로 해결할 수 있다고 믿었습니다. 그는 제나라 왕도 연나라 왕과 별반 차이가 없다고 생각했기 때문에 제나라가 연나라를 정벌하는 것은 합당하지 않다고 여겼습니다. 제나라에서 전쟁의 명분을 얻기 위해 맹자의 뜻을 왜곡해서 해석했을 가능성이 큽니다.

이후 제선왕은 맹자에게 의사를 타진했습니다. 그는 연나라를 정복한 후 어떻게 해야 할지 고민 중이었습니다. 연나라를 완전히 제나라에 복속시킬지 말지에 대한 것이었습니다. 그는 먼저 하늘의 핑계를 대고 이렇게 물었습니다.

"만약 연나라를 취하지 않으면 필시 하늘의 재앙이 예상되니 취하는 것이 어떻겠습니까?"

맹자는 제선왕이 이미 욕심에 눈이 멀었다고 생각했지만 우선 이렇게 운을 뗐습니다.

"그 나라를 취해서 연나라 백성들이 기뻐한다면 취하십시오."

단, 연나라 백성이 기뻐하지 않는다면 취하지 말라는 단서를 달았습니다. 사실 연나라 백성은 처음에 제나라 군대를 환영했으나 이들이 안하무인격으로 행동하자 마음을 돌렸습니다. 주변국들도 마찬가지였습니다. 제나라의 세력이 커지는 것을 우려하면서 연나라와 협력해 제나라를 압박했습니다.

이어서 제선왕은 다시 맹자에게 어떻게 해야 좋을지 의견을 구했습니다.

맹자는 이미 제나라 군대가 백성들을 죽이고 종묘를 부쉈으며 귀중한 물건들을 옮기는 횡포를 들었기 때문에 이렇게 이야기했습니다.

"왕께서는 어서 명을 내리셔서 노약자들을 돌려보내시고, 귀중한 물건들을 그대로 두고 연나라 백성과 상의해서 바른 군주를 세운 뒤에 떠나신다면 이들을 그만두게 할 수 있습니다."

하지만 제선왕은 맹자의 충언을 듣지 않았습니다. 제나라의 패착은 맹자가 말한 바와 같이 점령국 백성들의 마음을 사지 못한 것입니다. 애초 연나라 백성은 왕과 태자가 권력 다툼을 하자 불안한 정국에 위기감을 느꼈습니다. 그래서 강력한 제나라 군대가 왔을 때 안정과 평화를 기대했지만 이들은 여지없이 기대를 무너뜨렸습니다.

인은 따뜻한 사랑의 마음, 의는 바른 길을 추구하는 마음입니다. 만약 인과 의를 바탕으로 제나라 군대가 연나라 백성들을 대하고 현명한 군주에게 양위 후 물러났다면 제나라는 진정한 강국이 될 수 있었을 겁니다.

지금의 우리도 마찬가지입니다. 나의 강한 권력과 지위를 믿고 타인이 하기 싫은 일을 강제로 시킨다면 그 관계는 영원할 수 없습니다. 내 힘이 약해진다면 언제든지 배신을 당할 수 있습니다. 그때 남 탓을 한다면 정말로 한심할 것입니다. 내가 어디에 있든 그 사람을 진정으로 설득하고 나의 편으로 만들기 위해서는 인과 의의 가치를 염두에 두어야 합니다. 단지 이익을 목적으로 설득하거나 나의 권력을 이용하는 것은 한계가 있습니다. 관계가 지속되기 어렵습니다.

기준이 있는 사람이 성실하고
성실한 사람이 성공한다

◆◆◆

지극히 성실한데 상대방을 감동시키지 못하는 적 없고, 성실
하지 못한데 상대방을 감동시키는 적 없다.
至誠而不動者 未之有也 不誠 未有能動者也
지성이부동자 미지유야 불성 미유능동자야

〈이루 상〉

드라마 〈미생〉의 미생은 '아직 살아 있지 않은 상태'로 바둑
에서 살 수도 있고 죽을 수도 있는 상황을 말합니다. 이 미생이
고대의 역사서 사마천의 《사기》에도 등장합니다. '미생지신(尾
生之信)'이라는 고사성어로 알려진 미생의 신의에 대한 이야기
입니다.

춘추 시대 노나라 사람 미생은 사랑하는 여인과 다리 아래에

서 만나기로 약속했습니다. 그는 고대하던 시간에 맞추어 다리 밑에서 연인을 기다렸으나 그녀는 무슨 이유 때문인지 나타나지 않았습니다. 그때 갑자기 소나기가 내려서 물이 불어났습니다. 사람들이 대피하라고 했지만 그는 듣지 않고 다리 기둥을 붙들고 있다가 익사하고 말았습니다. 후대 사람들은 미생의 고지식함과 미련함을 비웃었습니다.

〈미생〉의 주인공 장그래는 바둑에 소질과 흥미를 보여서 어릴 적부터 바둑에 몰입했습니다. 하지만 끝내 입단하지 못하고 바둑을 그만두어야 했습니다. 후원자 덕분에 취직을 했지만 낙하산을 타고 들어온데다가 업무 능력이 떨어지는 그를 다들 괄시했습니다.

예전에는 이렇게 고지식한 미생, 그리고 요령이 없는 장그래에 공감이 가지 않았지만 사회생활을 오래하고 나이가 들수록 이들이 추구한 믿음의 가치가 결코 작지 않음을 이해하게 되었습니다. 다리 밑에서 죽은 미생은 자신의 사랑을 굳게 믿은 것이고, 장그래도 너무나 사랑했던 바둑을 통해서 '완생'을 이루고 싶었던 것입니다.

물론 꼭 이렇게 세상을 살라는 것은 아니지만 삶에 치이다 보니 고집을 지키며 묵묵히 나아가는 사람들이 존경스럽게 보입니다. 나의 목표를 위해서 다른 사람을 이용하고 이득을 챙기는 사람이 많은 세상에서 이렇게 자신과의 약속, 신뢰를 지키는 사람은 귀인과 다름없습니다.

그렇기 때문에 신(信)을 지키는 사람은 사람들이 존경하고 관계도 오랫동안 유지합니다. 신뢰를 주는 브랜드는 계속 믿고 쓰게 되고, 고객의 행복을 위해 맛있는 음식과 서비스를 제공하는 식당도 계속 가게 됩니다. 그래서 저는 단골집을 좋아합니다. 단골 미용실, 음식점, 커피숍 등을 자주 찾습니다.

반면 초반에는 좋은 제품과 서비스를 제공하다가 점차 초심을 잃는 경우를 지켜보면 안타까운 마음이 듭니다. 사람도 마찬가지입니다. 믿을 만한 사람들은 나이와 상관없이 오랜 관계를 유지하지만 그렇지 않은 사람들은 연락을 끊게 됩니다. 그만큼 믿음은 우리 인생에 중요한 가치입니다.

맹자가 말하는
사람도 하늘도 감동하는 사람

"신하의 자리에서 임금에게 신뢰를 얻지 못한다면 백성을 다스릴 수 없을 것이다."

맹자는 신뢰에 대해서 이렇게 이야기했습니다. 그렇다면 임금에게서 어떻게 신뢰를 얻을 수 있을까요? 맹자는 우선 친구에게 신임을 받아야 한다고 했습니다. 이어서 친구에게서 신뢰를 얻으려면 부모를 섬겨 기쁘게 해드려야 하고, 마지막으로 부모를 기쁘게 하기 위해서는 우선 자신을 돌이켜보고 성실해야 한다고 했습니다. 성실을 위한 방법은 선에 대한 도리를 알아야 한다고 마무리를 지었습니다. 이 꼬리에 꼬리를 무는 이야기는 궁극적으로 내가 선의 가치와 도리를 알고 이를 성실하게 실천할 때 비로소 윗사람과 아랫사람의 신뢰를 얻을 수 있다는 내용입니다.

만약 내가 집에서 효도를 하고 싶고, 사회에서 인정과 신뢰를 받고 싶다면 우선 선의 기준을 정하고 이 가치를 실행하기 위해서 성실하게 노력하면 됩니다. 성실은 공자의 손자 자사가 쓴 《중용》에서 성인이 되기 위한 요건으로 가장 많이 강조한 것이기도 합니다.

《중용》에서 성실에 대해 이렇게 말했습니다.

"성실함은 하늘의 도이고 그것을 성실히 하는 것은 사람의 도다."

성실한 사람이 되기 위해서는 널리 배우고 자세하게 묻고 신중하게 생각하고 명백하게 가리고 독실하게 행해야 한다고 했습니다.

맹자는 신뢰에 대해 이렇게 마무리짓습니다.

"지극히 성실한데 상대방을 감동시키지 못하는 적은 없고 성실하지 못한데 상대방을 감동하게 한 적도 없다."

"하늘은 스스로 돕는 자를 돕는다."

이 문장은 노력을 게을리하지 않으면 하늘도 그 정성에 반한다는 의미입니다. 성실한 사람에게 하늘이 그만큼 보답해 준다는 뜻이기도 합니다. 성실과 믿음은 떼려야 뗄 수 없는 관계입니다. 성실한 사람에게 우리는 신뢰와 지지를 보냅니다.

〈미생〉의 장그래는 자신이 믿는 선을 바둑에서 찾았고 그 선을 지키기 위해서 성실하게 노력했습니다. 그에게 선은 "어떻게든 완생으로 나아가는 것"이었습니다. 그가 처음 회사에 입사했을 때는 실무 능력이 떨어졌지만 바둑에서 얻은 지혜와 꾸준히 노력하는 자세로 치열한 회사 생활에서 살아남고 상사로부터 믿음을 얻었습니다.

아무리 나이가 들더라도 신뢰를 줄 수 있는 사람이 되기 위해서 나에게 중요한 선이 무엇인지, 그 화두를 붙잡고 고민해 볼 필요가 있습니다. 저에게 선은 저뿐만 아니라 가족과 선량한 사람들이 행복하게 살도록 돕는 것입니다. 부당한 것을 바로잡고 옳은 것이 인정받는 사회가 되도록 좋은 메시지를 전달하고 이를 실천하는 것도 포함됩니다. 이 선을 이루기 위해서는 성실한 삶의 자세가 필요합니다. 그리고 이를 통해서 사람들로부터 신뢰를 얻는 것도 목표입니다. 신뢰를 얻는 일은 결코 쉽지 않지만 더 힘든 일은 신뢰를 지키는 것입니다. 다른 사람이 나를 믿어 준다고 해서 안일하게 생각한다면 언제든지 신뢰는 사라지게 되어 있습니다.

2장

어떻게 계속 배우며
살 수 있을까?

오십의 사양지심

현명한 사람은 자기의 빛나는 지혜로
남 또한 빛나게 만든다.

맹자

좋은 일만 오는 법 없고
나쁜 일만 오는 법 없다

❖❖❖

나라가 태평할 때 크게 즐기고 게으르며 잘난 척한다. 이것
은 스스로 재앙을 구하는 것이니 재앙과 복은 자기 스스로
구하지 않을 수 없다.

今國家閒暇 及是時般樂怠敖 是自求禍也 禍福無不自己
求之者

금국가한가 급시시반락태오 시자구화야 화복무불자기
구지자

〈공손추 상〉

큰 회사든 작은 가게든 잘될 때는 많은 돈을 벌어들이지만
어려울 때는 돈만 축내게 됩니다. 이러한 낙하가 너무 가파르지
않게 조절해야 하는 사람이 경영자입니다. 비용을 줄여야 하는

비상 경영에 들어가면 많은 생각을 하게 됩니다. 조그마한 이익도 크게 보이고 감사합니다. 호황기에 실수를 되풀이하면 안 된다고 생각합니다. 하지만 막상 다시 이익을 낼 때는 자칫 자만한 마음이 듭니다. 순풍에 배를 타는 즐거운 기분이 들고 좋은 시절이 오래가기를 바랍니다. 그런데 얼마 지나지 않으면 저 멀리서 구름과 번개가 보이고 강풍이 슬슬 불어옵니다.

인생도 마찬가지입니다. 좋은 일만 생기지도 않지만 반대로 나쁜 일만 생기지도 않습니다. 상승과 하강을 반복하면서 성장하는 것입니다. 인생의 그래프가 우상향한다면 바람직합니다. 반면 이러한 사이클을 거치면서 우하향한다면 계속 힘들어질 것입니다. 아마 많은 분이 느낄 겁니다. 모든 것이 완벽하게 풀리고 잘나가다가 갑자기 사소한 문제로 삐거덕거리는 것을요. 순풍에 돛을 달고 나아가다가 역풍을 맞아서 배가 흔들립니다.

많은 이가 이야기하는 스티브 잡스의 인생도 파란만장했습니다. 자신이 창업한 회사에서 쫓겨나고 다른 회사를 경영하다가 자신을 쫓아낸 회사가 위기에 처하자 흑기사로 등장해서 회사를 재건했습니다. 그리고 아이팟, 아이폰, 아이패드 등 스타 제품들을 줄줄이 양산했습니다.

1984년 미국 슈퍼볼 게임에 광고된 매킨토시 PC. 지금도 '세상을 구원한다'는 이 광고가 여전히 회자됩니다. 이때가 잡스의 일생에서 가장 큰 전성기였습니다. 이후 그는 다음 해에 회사에서 쫓겨나고 다시 회사로 복귀하기까지 암흑기를 보냈습니다. 그가 만약 1984년의 전성기 때 자중하고 회사의 문제를 돌아보았다면 그렇게 쉽사리 해고되지는 않았을 것이라는 생각이 듭니다.

잡스조차도 회사에서 축출될 때 자신의 잘못을 인정하지 못했습니다. 성공에 눈이 멀었기 때문에 아무것도 보이지도 들리지도 않았습니다. 인고의 시간을 보낸 후 잡스는 한층 더 성숙한 모습으로 회사에 복귀했습니다. 하지만 그동안 지나친 업무와 스트레스로 건강을 해쳐 결국 49세에 췌장암 수술을 받고, 이후 병세가 악화되면서 인생의 황금기라고 할 수 있는 50대 중반에 세상을 떠났습니다.

복을 받으면
화도 받는다

중국 고대의 역사서 《서경》에서는 "하늘이 지은 재앙은 피할 수 있으나 스스로 지은 재앙은 피할 수 없다"라고 했습니다. 모든 환난은 종국에 나 자신에게서 비롯된다는 의미입니다. 마찬가지로 맹자는 재앙과 복도 모두 스스로 구하는 것이라고 역설했습니다.

우리는 보통 안 좋은 일이 발생하면 하늘을 원망하고는 합니다. '왜 하필 나한테만 이러한 일이 발생하는가?'라고 말입니다. 각고의 노력과 의지에 반해서 불행한 일이 닥치면 답답한 마음이 들고 원망스러운 마음이 듭니다. 그런데 살다 보면 결국 이러한 환난은 수용할 수밖에 없고, 어려운 상황을 어떻게 극복해야 할지 고민하고 해결해야 함을 느낍니다. 결코 쉽지 않지만 포기하지 않고 꾸준히 노력하다 보면 실낱 같은 빛이 보이기 마련입니다.

그런데 더 큰 문제는 내가 만들고 불러일으킨 재앙입니다. 좋은 상황이 언제든지 계속될 것이라는 막연한 기대로 미래를 대비하지 않는 경우입니다.

맹자는 《시경》을 통해서 이렇게 말했습니다.

"하늘이 아직 비를 내리지 않았지만 미리 뽕나무 뿌리껍질로 창문과 문을 손질한다면 백성들이 감히 나를 업신여기겠는가?"

이는 비가 올 때를 대비해서 솔선수범하여 준비한다면 그것이 다른 이들에게 모범이 된다는 의미입니다.

맹자는 이러한 말도 했습니다.

"나라가 태평할 때 크게 즐기고 게으르며 잘난 척한다. 이것은 스스로 재앙을 구하는 것이니 재앙과 복은 자기 스스로 구하지 않을 수 없다."

국가가 부귀와 영화를 누리면서 국민들이 안일한 생활을 하고 경계하지 않는다면 이는 재앙을 불러일으키는 것과 마찬가지라는 의미입니다.

개인의 삶도 마찬가지입니다. 내가 승승장구할 때는 모든 일이 잘될 것 같다는 생각에 노력을 게을리하게 됩니다. 일은 적당하게 하고 즐기면 된다는 막연한 긍정론에 빠져서 나쁜 일이 벌어질 것이라는 마음이 전혀 들지 않습니다. 막상 승진 심사에서 누락되거나 해고 리스트에 오르면 그때 정신이 바짝 듭니다. 재테크는 어떤가요? 돈을 많이 벌었다면 무리하게 대출을 더 받아서 투자하는 등 욕심을 부리기보다 투자 원칙을 지키면서 비 오는 날을 대비해야 합니다.

이외에도 우리가 평소 경계해야 할 부분은 너무 많습니다. 사이버 공간에서 인기를 끌고 있더라도 그것이 언제든지 거품이 될 수 있음을 알고 겸허한 자세로 사람들과 소통해야 합니다. 내 아이가 좋은 학교에 가고 공부를 잘하더라도 주변에 자랑하기보다는 아이의 마음을 잘 살펴야 합니다.

마지막으로 나 자신의 몸과 마음을 점검해야 합니다. 젊었을 적 건강을 생각해 먹고 마시고 즐기다 보면 어느 순간 각종 질병에 시달리며 약을 달고 사는 자신을 발견하게 됩니다. 이 정도 스트레스면 문제없다고 자신하지만 나도 모르게 우울증과 대인 기피증에 시달리는 자신을 발견하게 됩니다. 평소에 점검한다면 예방할 수 있습니다. 오죽하면 최고의 재테크는 건강이라고 할까요? 막대한 병원비를 아끼는 것은 두말할 나위 없습니다.

모두가 나를 띄울 때가
가장 경계해야 할 때다

◆◇◆

잠시 이것은 언급하지 말고 내버려 두자. 인류가 탄생한 이
래로 공자보다 더 훌륭한 분은 없었다.
姑舍是 自生民以來 未有夫子也
고사시 자생민이래 미유부자야

〈공손추 상〉

살면서 가장 경계해야 할 때가 있습니다. 바로 사람들이 자
신을 치켜세우고 잘 보이려고 할 때입니다. 물론 그런 위치에
가는 것조차 쉽지는 않습니다. 만약 내가 어떤 일을 성공적으
로 수행한다면 칭찬을 받기 마련입니다. 하늘로 날아가는 기분
이 들 것입니다. 그럴 때 노력한 자신을 칭찬하는 것도 중요하
지만 다시 안 좋아질 수 있음도 경계해야 합니다.

말은 쉽지만 막상 그 처지에 이르면 쉽지 않습니다. 예를 들어서 스포츠 스타, 유명 유튜버, 스타 강사 등 다양한 부류의 성공한 사람들이 있습니다. 미디어 플랫폼은 이러한 스타들에게 주목해서 광고를 내고 수익을 버는 윈윈 전략을 구사합니다. 하지만 이러한 플랫폼은 더 많은 수익을 위해서 또 다른 스타가 나타나면 거기로 초점을 돌립니다. 기존에 주목받던 스타는 자연스럽게 관심에서 멀어집니다. 빛바랜 스타들은 그동안 쏟아졌던 스포트라이트가 허상임을 깨닫지만 이미 자신에게 남겨진 것은 어두운 그늘뿐입니다.

사회생활도 마찬가지입니다. 회사에서 승승장구해서 특진을 하고 높은 지위에 이르면 많은 이가 잘 보이기 위해서 노력합니다. 그 사람이 생사여탈권을 쥐고 있기 때문입니다. 하지만 그가 자리에서 물러나면 사람들은 다른 이에게 잘 보이기 위해서 노력합니다. 결국 당장은 인사권과 결재권이 있어서 권력을 쥔 것처럼 보이지만 언제든지 회사에서 잘려 집에 갈 수 있습니다.

영원한 것은 없음을 아는 사람은 보다 겸손하게 그리고 객관적으로 사태를 보려고 합니다. 무엇이 허황된 것이고, 진짜인지 말입니다. 과하게 칭찬하는 사람을 봐도 그가 하는 말이 아부인지 아닌지 분별하려고 합니다. 회사가 잘나가더라도 나의 기여도보다 다른 사람들의 노력이 더 큼을 인지합니다. 그리고 자신의 실력을 키우기 위해서 꾸준히 노력합니다.

높이 올라갈수록
아래를 바라보라

맹자도 제자 공손추가 자신을 띄우기 위해서 노력하자 이를 경계했습니다. 공손추는 이렇게 말했습니다.

"(공자의 제자) 재아와 자공은 언어에 능통했고 염우, 민자, 안연은 덕행을 지녔으며 공자께서는 이것들을 모두 겸비하셨으나, 말씀하시기를 '나는 외교 사절로서는 능하지 못하다'고 하셨으니 선생님께서는 이미 성인의 경지에 오르신 것이 아닌지요?"

즉 맹자가 언어와 덕행뿐만 아니라 공자가 갖추지 못한 외교가의 자질을 모두 갖추었으니 그가 이미 성인의 반열에 올랐다고 칭찬한 것입니다. 이에 맹자는 "아아! 이게 무슨 말인가?"라며 바로 부인했습니다. 이윽고 공손추가 스승이 성인의 경지에 이르렀음을 여러 가지 근거로 계속 이야기하자 맹자는 결국 "잠시 이것은 언급하지 말고 내버려 두자"라고 했습니다. 더 이상 제자가 지나치게 말하지 않기를 바랐기 때문입니다.

중국의 태평성대인 요순 시대를 연 요임금은 어떠했을까요? 《서경》에서는 요임금을 "경건하고 총명하고 우아하여 늘 평온하셨다"라고 묘사했습니다. 또한 "공손하고 겸손해서 그 빛이 사방에 미치고 드높은 인격은 하늘과 땅에도 미쳤다"라고 했습니다.

요임금은 늘 검소해서 화려한 복장 대신 소박한 복장으로 다녔다고 합니다. 그가 신하들과 백성들을 살피러 다니는데 어떤 노인이 혼자 노래를 부르고 있었습니다.

"해가 뜨면 일하고 해가 지면 쉬고 우물을 파서 마시고 논밭을 갈아서 먹으니 임금의 덕이 내게 무슨 소용이 있는가?"

그만큼 일반 백성들이 생계에 걱정이 없어서 임금의 존재조차도 인식하지 못할 정도였습니다. 임금에게는 서운하게 들릴 수 있지만, 그것은 반대로 최고의 칭찬이고 칭송이었습니다.

요임금은 자기 아들의 능력이 미치지 못하자 스스로 뒤를 이를 임금을 발굴했고, 그가 바로 순임금입니다. 순임금은 효도와 우애를 잃지 않고 어렸을 적 자신을 죽이려 한 계모와 동생도 잘 챙겼습니다. 어느 정도였느냐면, 계모가 우물을 파서 의붓아들을 묻으려고 했는데 죽일 아들에게 그 우물을 파라고까지 했습니다. 그는 계략을 눈치 챘음에도 자신이 달아날 구멍을 따로 파서 살아남았습니다. 그러한 뛰어난 인격으로 후계자가 될 수 있었고, 임금이 되었지만 여전히 효를 다해서 결국 계모와 동생도 진심으로 반성하고 뉘우쳤습니다.

요·순임금을 보면 겸손이 중요함을 다시 한번 느낍니다. 두 사람의 마음은 물같이 위에서 아래로 향하면서 사람들을 마음으로 품고 이해하려고 했습니다.

나이가 들수록 겸손해야 하나 그 반대가 되기 십상입니다. 연륜이 생기면서 내가 믿는 바가 옳다고 생각하게 됩니다. '내가 틀릴 수도 있다'고 유연하게 생각하지 못하고 '오직 나만 옳다'는 맹신에 빠져들게 됩니다. 그런데 실상은 그렇지 않은 경우가 다반사입니다. 나보다 경험이나 경력이 낮다고 무시하고 편견과 아집으로 잘못된 판단을 내려서 오히려 큰 실수를 저지릅니다.

"벼는 익을수록 고개를 숙인다"는 격언을 잘 새겨야 할 일입니다. 겸손하기 위해서는 우선 귀를 열어야 합니다. 입이 한 개이고 귀가 두 개인 이유는 모두 잘 알지만 막상 실천을 잘 못 합니다. 성인이라고 불리는 공자와 맹자, 성군의 대명사 요임금과 순임금은 평생 자신을 낮추면서 상대방을 존중하고, 이를 통해서 종국에는 자신들이 뜻한 바를 이루었습니다. 그리고 그들의 값진 가르침은 인류에게 수천 년 동안 이어졌습니다.

지금 나는 어떤가요? 나와 다른 사람, 어린 사람, 경험이 없는 사람, 학력과 재력이 떨어지는 사람 등을 무시하고 있지 않나요? 나를 다시 한번 돌아볼 일입니다.

활이 과녁을 비켜 가는 이유는
내가 흐트러졌기 때문이다

인한 사람은 활쏘기와 같다. 활을 쏘는 사람은 자신을 바로
잡은 뒤에 쏜다.

仁者如射 射者正己而後發

인자여사 사자정기이후발

<공손추 상>

유독 남 탓을 많이 하는 사람이 있습니다. 내가 지금 이렇게
사는 것은 부모의 잘못이고, 친지와 친구의 잘못이고, 선배와
후배의 잘못이라고 생각합니다. 탓을 돌릴 곳이 없다면 하늘을
원망합니다. 내 팔자를 원망합니다.

저도 과거에 일이 잘 안 풀릴 때는 하늘을 원망하기도 했습
니다. 남들은 다 한 번은 누리는 혜택을 한 번도 못 누리고 소

처럼 일만 해야 했는지에 대해서 말입니다. 성실하게 일하면 당연히 좋은 일이 있을 것이라고 믿었지만 막상 좋은 기회가 오면 늘 놓치고는 했습니다.

다른 사람들만 혜택을 받으며 사는 것 같아 원망스러운 마음도 들었습니다. 대신 누구보다 열심히 했습니다. 어떤 일에서 남들보다 실력이 상대적으로 뒤처질 때도 있었지만 그럴수록 열정적으로 임한 덕분에 살면서 더 크고 다양한 기회를 만날 수 있었습니다. 돌이켜보면 중요한 것은 내가 앞으로 어떤 인생을 살지에 대한 비전과 미션이 있다면 기회는 자연스럽게 따르게 된다는 것이었습니다.

지금은 기대보다 아쉬운 결과가 나오더라도 원망하기보다는 수용하려고 합니다. 이것도 마흔 중반 이후 독서를 많이 하고 사색하고 글을 쓰면서 마인드가 많이 바뀌었기 때문입니다. 제 우물 안에 갇혀 살다가 더 넓은 세상에 다양한 사람들을 책이나 글을 통해서 만나며 감사할 것이 참 많다는 것을 깨달았습니다. 결국 모든 것에 다 의미가 있다는 점도 알게 되었습니다.

모든 원인은
나에게 있다

맹자는 활과 화살을 만드는 사람을 통해 인과 의를 강조했습니다.

"인하지 못하고 지혜롭지 않고 예의가 없고 의로움을 행하지 않는다면 다른 사람에게 부림을 당하는 노역자다."

즉 내가 인과 의의 가치를 깨닫고 활과 화살을 만든다면 단지 무기를 만드는 것이 아니라 세상을 변화시킬 도구를 만드는 것이라고 의식합니다. 당연히 하는 일을 업(業)으로 받아들이고 자긍심을 가질 것입니다.

반면 이러한 정신을 갖추고 있지 않다면 내가 하는 노역을 부끄럽게 여길 것입니다. 그렇게 살지 않기 위해서는 인의 정신을 깨달아야 합니다.

맹자는 말했습니다.

"인한 사람은 활쏘기와 같아서 활을 쏘는 사람은 자신을 바로잡은 뒤에 쏜다. 쏜 것이 맞지 않아도 자신을 이긴 자를 원망하지 않고 (문제의 원인을) 자신에게서 돌이켜서 찾는다."

모두 인의 정신에서 비롯됩니다. 맹자는 "인은 하늘의 존귀한 벼슬이고 사람의 편안한 집"이라고 했습니다. "이것을 막는 사람이 없는데도 인하지 못하다면 지혜롭지 못한 것"이라고 말했습니다.

공자의 제자 자로와 하나라의 우임금도 이와 비슷한 일화가 있습니다.

"자로는 상대방이 그에게 허물이 있다고 말해 주면 기뻐했다. 우임금은 선한 말을 들으면 절을 하셨다."

남에게 내 흠을 듣기란 쉽지 않은 일입니다. 문제의 원인을 나에게서 찾아야 하기 때문입니다. 일이 잘 안 풀리면 남을 원망하고 세상을 원망하는 것이 일반적입니다. 물론 정말로 원인이 바깥에 있을 수 있습니다. 하지만 이러한 생각 방식이 고착화된다면 안 좋은 습관이 됩니다. 상대방 탓을 하는 버릇이 생깁니다.

양궁 선수나 사격 선수들은 늘 자세를 중요시합니다. 활과 총을 쏘아도 과녁에 제대로 맞지 않는 것은 나의 자세가 잘못되었기 때문입니다. 물론 활은 바람의 영향을 받지만 그 점도 감안해서 자세를 조정해야 합니다. '왜 내가 쏠 때만 바람이 불어?'라고 원망하는 순간 자세는 흐트러지고 화살은 엉뚱한 곳으로 날아갑니다.

그렇기 때문에 마음도 중요합니다. 마음속에 다른 생각이 가득 차면 과녁에 집중할 수 없습니다. 누군가는 자신의 문제가 아니라 과녁의 위치가 잘못되었다든지 집중력을 흐트러뜨리는 외부의 요인을 원망합니다. 그러한 마음가짐은 인한 자세가 아닙니다. 쏘는 화살마다 과녁을 비켜 나갈 것입니다.

우리가 하는 일도 마찬가지입니다. 나의 일을 업으로 생각하는 것과 단지 누군가 시켜서 억지로 하는 일이라고 생각하는 것에 따라서 마음가짐이 달라집니다. 힘든 일이 생기면 원망하게 되고 잘못을 상대방에게 돌리게 됩니다. 인의 정신을 가지고 나의 일에서 의미를 찾고 나에게서 원인을 찾는다면 오히려 세상이 다르게 보일 것입니다. 활과 화살을 만드는 일에서도 인생의 의미를 찾습니다. 그것이 바로 인한 자의 마음가짐이고 행복을 찾아가는 자세이기도 합니다.

죽음을 생각하면
함부로 살 수 없다

─────────── ❖❖❖ ───────────

지금 죽고 사라지는 것을 싫어하면서 인하지 못한 것을 좋아
하니 이는 마치 술 취하기를 싫어하면서 억지로 술을 마시는
것과 다름없다.
今惡死亡而樂不仁 是猶惡醉而強酒
금오사망이락불인 시유오취이강주

〈이루 상〉

고대 스토아학파의 철학자인 세네카는 《삶의 덧없음에 대
해》라는 책에서 다음과 같이 말했습니다.

"당신은 무엇을 잃어버리고 있는지 의식하지 못한 채 인생
을 낭비하고 있다. 무의미한 슬픔, 어리석은 즐거움, 탐욕스러
운 욕망, 사회적 관계의 즐거움에 얼마나 많은 시간이 낭비되

고 있는가? 이것들 중 당신에게 남을 것은 거의 없다."

세네카가 이렇게 주장한 배경이 있습니다. 그는 언제 죽어도 이상하지 않을 만큼 어릴 적부터 건강이 좋지 않았습니다. 다행히 목숨을 보존하고 근근이 살아남았지만 사랑하는 아버지와 첫아들은 먼저 떠나보냈습니다. 세네카는 로마의 황제에 의해 코르시카섬으로 추방되어서 8년이라는 인고의 시간을 보내기도 했습니다. 나중에 황제 네로의 스승이 되었지만 영광의 순간도 잠시였고 폭군의 밑에서 최후는 비참했습니다. 인생의 희로애락을 모두 겪은 그였기에 슬픔, 즐거움, 욕망, 사회 관계의 유한함을 깨닫고 평소 절제하는 삶을 실천한 것 같습니다.

이미 득도한 위대한 철학자와 다른 우리는 어떤 모습과 어떤 태도로 살아야 할까요? 우리는 평생 잘 먹고 잘살기 위해서 온갖 스트레스를 참고 있습니다. 가끔씩 주어지는 꿀 같은 휴식 기간에는 여행을 가거나 맛있는 음식점에 들러서 인증 숏을 찍습니다. 흘러가는 시간이 아쉬워서 기록으로 남기고 싶은 욕망, 다른 이들에게도 인정을 받고 싶은 마음입니다. 그리고 다시 현실로 돌아와서 또 치열하게 살아갑니다.

삶의 목적이 오직 즐거움과 쾌락이라면 공허함이 더 커질 수밖에 없습니다. 찰나의 행복을 누리지만 그 끝이 있음을 알기에 다시 불행해집니다. 어서 경제적으로 자유로워져서 떵떵거리며 산해진미를 맛보고 싶은 마음이 굴뚝같을 겁니다.

또한 오직 나의 성공과 이익을 위해서 살다 보면 점차 남들을 함부로 대하고 이용하게 됩니다. 심지어 부당한 일도 합니다. 그런데 만약 내가 내일 당장 죽는다고 하면 나를 함부로 대해서 혹사시키거나 다른 누구를 함부로 대할 수 있을까요? 또 노력조차 안 하면서 인생을 비관하며 팔자 탓을 하고 살아야 할까요?

품위를 지키며 산다는 것

맹자는 인의 정신을 강조했습니다.

"하, 은, 주 삼대가 천하를 얻은 것은 군주들이 인했기 때문이고 천하를 잃은 것은 인하지 못했기 때문이다. 결국 국가의 흥망성쇠가 이러한 이치다."

그는 천자가 인하지 못하면 천하를 보전하지 못하고, 제후가 인하지 못하면 사직을 보전하지 못하고, 경대부가 인하지 못하면 종묘를 보존하지 못한다고 경고했습니다. 마지막으로 백성이 인하지 못하면 자신의 사지를 온전히 보전하지 못한다고 말했습니다. 끝으로 이렇게 말했습니다.

"지금 죽고 사라지는 것을 싫어하면서 인하지 못한 것을 좋아하니 이는 마치 술 취하기를 싫어하면서 억지로 술을 마시는 것과 다름없다."

맹자는 국가의 흥망성쇠에는 인이 근본이라고 했지만, 궁극적으로 국가를 구성하는 천자, 제후, 경대부, 백성이 인해야 한다고 강조했습니다. 국가도 결국 개인이 모여서 구성되기 때문에 당연히 개개인의 인의 정신과 실행이 중요할 겁니다. 그렇지 않으면 맹자가 강조한 바와 같이 자신의 사지조차 보존하지 못하게 됩니다.

그렇다면 인하지 않은 것을 좋아한다는 것은 어떤 의미일까요? 인하지 않다는 것은 사랑의 마음이 없다는 것입니다. 나를 함부로 하고 상대방도 역시 함부로 대한다는 것입니다. 인은 보통 '어질다'와 '인자하다'라고 사전에서는 설명하지만, 사실 그보다 더 큰 의미인 '사랑'으로 보시면 됩니다. 仁은 人(사람 인)이 二(두 이)와 합쳐진 것입니다. 결국 사람과의 관계를 뜻하는 것입니다. 관계를 잘 유지하기 위해서는 당연히 서로를 존중하고 사랑하는 마음이 필요합니다.

예는 인을 표현하는 행위입니다. 아무리 누군가를 마음속으로 존경하고 사랑한다고 해도 이를 겉으로 표현하지 않는다면 절대로 알 수 없습니다. 속으로는 사랑하는 마음이 있지만 표현을 안 하면 그 마음을 알 수 없는 것처럼 말입니다.

많은 영화나 드라마에서 이러한 말을 합니다. 그리고 실제로 이렇게 생각한 경험이 많을 것입니다.

"내가 그렇게 사랑하는데도 내 마음 그렇게 모르니?"

그런데 말을 안 하면 알 수 없습니다. 이와 같이 예는 인을 구현하는 형식입니다. 인과 예의 정신을 가지고 산다는 것은 인생의 품위를 지키며 산다는 의미입니다. 태어나서 죽는 날까지 품위를 지키고 나의 삶, 일, 관계를 긍정적으로 사랑하며 산다는 뜻입니다. 무의미한 걱정과 슬픔, 즐거움과 쾌락, 관계에 시간과 노력을 낭비하지 않고 알차게 살아가는 방식입니다.

지금 당장 감사하고 사랑하는 마음(인의 정신)이 있다면 그것을 상대방에게 표현(예라는 형식)해 보면 어떨까요? 우리에게 주어진 유한한 시간을 인지하고 내가 내일 죽을 수 있다고 생각한다면 어렵지 않을 겁니다. 내일이나 모레, 다음 달, 내년, 언젠가가 아니라 지금 실행해 보시기 바랍니다.

예의는 지위 고하와
상관없다

어찌 그것 하나(벼슬)만 가지고 나머지 둘(나이와 덕)을 가
진 사람을 소홀히 할 수 있는가?

惡得有其一 以慢其二哉

오덕유기일 이만기이재

〈공손추 하〉

예전에는 부모님에게 "식사 하세요"보다는 "진지 드세요"라
고 했습니다. 요즘에는 이러한 표현이 거의 사라졌습니다. 그
러함에도 존대어는 하나의 신분이 됩니다. 나이가 많다는 신
분, 지위가 높다는 신분이 됩니다. 그래서 젊은이가 어른에게
반말을 쓰면 사회적으로 논란이 일어납니다. 예전에는 교통사
고가 나면 곧잘 시비가 붙었고 종국에는 '너 나이가 몇이야?'로

귀결되고는 했습니다. 요새는 각자 알아서 조용히 보험 처리를 하기 때문에 그러한 일을 마주할 일이 별로 없습니다.

상하 관계는 분명 장점이 있습니다. 어른을 존중하는 예의범절은 좋은 미풍양속입니다. '나도 어른이 되면 존중받을 수 있다'는 기대도 생깁니다. 또한 사회의 중심을 잡습니다. 각자의 지위에서 최선을 다하면 더 바람직한 방향으로 국가와 사회가 성장할 수 있는 기폭제가 됩니다.

반면 부작용도 많습니다. 어른이 어른답게 행동하지 않으면서 반말을 쓰고 나이 어린 사람을 무시하는 경우입니다. 단지 지위가 높고 나이가 많다는 이유로 상대방을 윽박지르는 일도 발생합니다. 상하관계에서 생기는 부당한 요구를 어쩔 수 없이 들어주면서 부정부패가 발생할 수 있습니다. 이러한 현상은 사람들의 반발심을 일으키고 점차 어른들이 '꼰대'로 치부되면서 사회 질서가 무너질 수 있습니다.

저는 저보다 나이가 어린 분들에게 웬만해서는 반말을 쓰지 않습니다. 오랜 시간을 알아 온 사이가 아니라면 말입니다. 반말을 쓰더라도 예의를 갖추려는 마음이 있습니다. 강압적인 표현을 쓰지 않습니다. 당연히 상대가 불쾌하게 느끼기 때문입니다. 직장에서는 더욱 그렇습니다. 나이가 10살, 20살 차이가 나더라도 동료이기 때문에 동등하게 대해야 합니다. 그래서 직장에서 반말을 사용하는 것은 적당하지 않습니다. 허물없는 관계가 아니라면 사적인 자리에서도 서로 예의를 지켜야 합니다.

왕의 부름을 물리친
맹자의 이유

맹자가 활약하던 전국 시대는 신분제였기 때문에 상하 관계가 더욱 명확했습니다. 우리가 상상하기 어려울 정도로 신분의 위계에 따른 권한은 막강했습니다. 언제든지 자신이 원하는 대로 한 사람의 생사여탈을 관장했습니다.

그럼에도 맹자는 자신의 원칙대로 할 말을 했습니다.

"천하에 존경을 받는 것이 세 가지가 있는데, 벼슬이 하나요, 나이가 하나요, 덕이 하나이다. 조정에서는 벼슬을 높이 여기고, 마을에는 나이를 높이 여기고, 세상과 백성을 자라게 하는 데 덕만 한 것이 없다. 어찌 그것 하나(벼슬)만 가지고, 나머지 둘(나이와 덕)을 가진 사람을 소홀히 할 수 있는가?"

여기에는 일화가 있습니다. 제나라 왕이 맹자의 알현을 감기를 핑계로 미루었습니다. 맹자도 다음 날 조회를 거부하고 경추씨 집에 머물렀습니다.

경자가 말했습니다.

"왕이 선생을 공경하는 것을 보았는데, 선생께서 왕을 공경하는 것을 보지 못했습니다."

그러면서 왕의 부름에 바로 응하지 않는 것은 《예기》의 가르침과도 맞지 않다고 우려를 표명했습니다. 그러자 맹자는 오히려 도량이 큰 군주는 신하를 존중하고 우대한다고 말했습니다.

"장차 큰일을 도모할 수 있는 군주는 반드시 함부로 부를 수 없는 신하가 있습니다. 그렇기 때문에 도모하려는 일이 있다면 신하를 직접 찾아 갔으니 임금이 덕을 높이고 도를 즐거워하는 것이 이 정도가 되지 않으면 함께 큰일을 할 수 없습니다."

맹자는 은나라 창업주인 탕왕이 이윤에게서 배운 후 그를 신하로 삼아서 별로 힘들이지 않고 왕 노릇을 했고, 제나라의 환공은 관중에게 배운 후 그를 신하로 삼아서 역시 힘들이지 않고 천하의 패자가 되었다고 강조했습니다. 더군다나 관중은 자신의 주군을 왕으로 삼기 위해서 환공을 시해하다가 실패했지만 절친인 포숙의 추천으로 신하가 될 수 있었습니다. 포숙의 우정도 대단하지만 이를 용인한 제환공의 도량도 크다고 할 수 있습니다.

맹자는 현재 천하의 영토가 비슷하고 덕도 비슷해서 서로 능가하지 못하는 이유는 바로 왕이 가르칠 만한 사람을 신하로 삼기를 좋아하고, 반대로 자기가 가르침받을 만한 사람을 신하로 삼는 것을 좋아하지 않기 때문이라고 했습니다. 탕왕이 이윤을 대할 때도, 제환공이 관중을 대할 때도 함부로 하지 못하고 함부로 부르지도 못했는데 관중보다 나은 자신을 왕이 마음대로 부를 수 없다고 강조했습니다.

이 일화는 맹자의 자긍심도 보여 주지만 무엇보다 성공을 원하는 리더는 뛰어난 수하를 결코 가볍게 여기면 안 되고 존중해야 함을 일깨웁니다.

오늘날에도 마찬가지입니다. 기업들의 인재 영입 경쟁이 치열합니다. 인재들은 높은 연봉과 보너스도 원하지만 무엇보다 회사가 자신을 존중하고 능력을 최대한 발휘할 수 있도록 해 주기를 갈망합니다. 예전에 미국 학생들 사이에서 가장 인기가 좋았던 구글의 인기도가 갑자기 하락한 원인에는 대량 해고도 있습니다. 2024년 1월에 1만 5,000명을 해고한 '신의 직장' 구글은 AI의 변화에 동참하기 위해서 내부 리소스를 최적화하는 결단을 내렸습니다. 비효율적인 사업을 정리하는 것은 당연한 결정이지만, 그동안 구글의 혁신의 상징이던 '문샷' 프로젝트도 줄였습니다.

나이와 지위에 관계없이 상대방을 존중해야 한다는 것과 빅테크 기업의 구조 조정은 전혀 연관이 없는 것처럼 보이지만 리더가 구성원들을 대하는 태도를 생각해 볼 수 있습니다. 구성원들을 단순히 회사의 발전과 수익 창출을 위한 수단으로 보는 것과 진정으로 능력을 존중하고 성장하도록 돕는 것은 다른 차원입니다.

나이가 어리거나 나와 지위가 다르다고 해서 이들을 나의 목표 달성을 위한 수단으로 여긴다면 그 관계는 오래가지 못합니다. 상대방도 그것을 느끼기 때문입니다. 맹자가 강조한 바와 같이 지위 하나만으로 나이와 덕을 갖춘 사람을 소홀히 해서는 안 됩니다. 지위는 언제든지 사라지는 신기루와 같습니다.

어느 올림픽 메달리스트도 이렇게 강조했습니다.
"메달 땄다고 (자만에) 젖어 있지 마라. 해 뜨면 마른다."

과연 내가 오래 가져갈 것이 무엇인지 생각하게 됩니다. 물론 그중에는 덕이 있습니다.

무례한 사람에게
일희일비하지 마라

◆◆◆

짐승에게 또 무엇을 꾸짖겠는가?

於禽獸又何難焉

어금수우하난언

〈이루 하〉

"참을 인 세 번이면 우울증에 걸리고 자신이 다친다."

요즘은 상대방의 마음보다 자신의 마음 상태를 더 잘 살피라고 합니다. 기성 세대는 MZ 세대의 솔직함에 당황하고 때로는 이러한 태도를 무례하다고 생각하지만, 과연 기성 세대가 부당한 일을 참고 견뎠던 것이 정당했는지에 대해서도 한번쯤 생각해 볼 일입니다.

물론 그렇다고 오직 나의 안위만을 우선하고, 조직의 성장과 다른 사람과의 협업을 무시하고, 일에 대한 열정을 줄이라는 것은 아닙니다. 나의 일을 사랑하고 최선을 다하고 정당하게 평가를 받으면 됩니다. 거기에서 생기는 갈등은 대화로 해결하면 됩니다. 책임의식 없이 단지 의무만 주장하면 안 됩니다.

50대는 한창 고도의 성장기를 살아오면서 오직 높은 곳을 바라보며 달렸습니다. 노력한 만큼 달콤한 과실도 누렸습니다. 물론 그 과정에서 온갖 종류의 무례한 사람들을 만났지만, 잘 견뎠고 나름대로 내공이 생겼다고 생각합니다. 유연하게 대처할 수 있는 지혜도 갖추었습니다.

하지만 그렇게 살아서 자신이 강하다고 자부하다가 오히려 마음의 병을 얻을 수 있습니다. 나보다 어린 후배를 상사로 맞이하게 되거나 구조 조정의 대상이 되기도 하기 때문에 불안한 마음도 듭니다. 그래서 과거에 했던 대로 꾹 참고 나아가는 수밖에 없다고 생각합니다. 상하 관계에서 오는 스트레스도 견뎌야 합니다.

사람들이 호소하는 가장 큰 어려움이 바로 인간관계입니다. 직장에서도 각양각색의 사람들이 모여 생활하다 보니 당연히 갈등이 생깁니다. 그렇게 어울려 사는 것이 사람 사는 방식이라고 어른들은 말합니다. 하지만 문제는 비상식적인 사람을 대해야 할 때입니다. 자신만 생각하는 이기적인 태도는 기본이고, 상대방을 함부로 대하거나 무시하는 경우도 있습니다. 이럴 때는 어떻게 해야 할까요?

군자는 별것 아닌 일에 근심하지 않는다

군자가 다른 사람과 다른 점은 인과 예를 마음속에 간직하고 있는 것입니다. 그렇기 때문에 군자는 상대방을 사랑하고 공경한다고 했습니다. 그러니 당연히 상대방도 군자를 사랑하고 공경합니다. 이러한 인지상정은 상식적인 사람들 사이에서는 지극히 당연합니다. 하지만 내가 주는 만큼 상대방은 그렇지 않다면 어떨까요?

맹자도 같은 고민을 하고 이렇게 말했습니다.

"어떤 사람이 자신을 도리에 맞지 않게 대한다면 군자는 꼭 스스로 돌이켜보아서 '내가 인하지 못하고 예가 없었던 것 같다. 어찌 이러한 일이 일어난 것일까?'라고 스스로 돌이켜 본다."

이렇게 자신을 점검한 후에 만약 스스로 인하고 예하지 못해서 도리에 어긋난 것 같다면 스스로 돌이켜서 "내가 충실하지 못했구나"라고 반성한다고 합니다.

다만 여기에는 조건이 있습니다. 자신의 인과 예를 돌이켜보는데 이전과 동일하고 문제가 없었다면 "이자 역시 몹쓸 사람이다. 이처럼 한다면 짐승과 무엇과 다르겠는가? 짐승에게 또 무엇을 꾸짖겠는가?"라고 하면 된다고 맹자는 일갈합니다. 즉 내가 인과 예에 충실해서 상대방을 대했는데 상대방이 그렇게 나를 대하지 않는다면 그것은 상대방의 잘못이라고 했고, 그러한 대상을 꾸짖어 보았자 의미가 없다는 것입니다.

맹자는 해결책을 제시했습니다.

"군자가 죽을 때까지 근심은 있어도 짧은 근심거리는 없다. 근심이 있다면 그것은 순임금도 사람이고 나도 사람이나 순임금은 천하에 모범이 되어서 후세에 전할 만한데 나는 아직도 평범한 인간에 불과하다는 것이다. 이는 근심할 것이고, 근심하면 어찌하겠는가? 단지 순임금처럼 해야 할 뿐이다."

즉 군자는 보다 큰 도를 생각해 근심해야 하고 상대방의 반응에 일희일비할 필요가 없다는 것입니다. 그리고 나서 "인이 아니면 행하지 않고, 예가 아니면 행하지 않는다. 만약 짧은 근심거리가 있다고 해도 군자는 걱정하지 않는다"라고 강조했습니다.

우리가 만나는 무례한 사람들 중에는 사회적으로 성공한 사람들도 많습니다. 다만 업무력과 인격은 다른 문제입니다. 그런 무례한 사람들은 스스로 뛰어나다고 생각해서 사람들을 무시하거나 집요하게 힘들게 만듭니다.

그렇다고 너무 걱정할 필요는 없습니다. 우리의 삶에 맹자의 사상을 적용하면 어떨까요? 인과 예에 기반을 둔 인생을 살기 위해서 노력하는 것입니다. 남을 존중하고 사랑을 표현하는 것입니다. 이를 통해서 나뿐만 아니라 상대방도 변화할 것이고, 상대방도 나에게 인과 예를 돌려줄 것입니다. 그것을 받을 만한 사람이 아니라면 무시하거나 심지어는 인간이 아니라고 여기고 나의 길을 꿋꿋하게 가면 됩니다. 그렇게 살다 보면 선인(善人)들이 주변에 모이게 마련입니다.

물론 인과 예의 정신을 삶에 적용하지 않는 그런 사람들은 삐뚤어진 태도와 마음으로 반응을 합니다.

'상대에게 잘해 줘 봤자 변하는 것은 없는데?'
'무례한 사람에게 웃으면서 노력하는 것은 위선 아닌가?'

이러한 말에도 상처를 받을 필요는 없습니다. 내가 믿는 바대로 나아가면 됩니다. 그것이 맹자나 공자가 주장하는 군자의 길입니다.

8 대 2의 파레토의 법칙처럼 어디에서든 적어도 20%의 부정적인 시선이 있게 마련입니다. 하지만 그 20%에 좌지우지될 필요는 없습니다. 더 선한 사람들이 그보다 많기 때문입니다. 맹자가 강조한 것처럼 짧은 근심거리가 있다고 해도 군자는 걱정하지 않습니다. 더 높은 경지에 이르지 못함을 걱정할 뿐입니다. 그러니 무례한 사람과의 관계를 너무 걱정하고 근심할 필요는 없습니다.

내가 먼저 실천해야
다른 사람도 같이한다

◆◆◆

위대한 순임금은 더 훌륭하셨다. 선을 실천하기를 상대방과
함께했고, 자신의 잘못된 점을 버리고 상대방의 장점을 따르
고 좋은 점을 취하여 선을 행하는 것을 좋아하셨다.

大舜有大焉 善與人同 舍己從人 樂取於人以爲善
대순유대언 선여인동 사기종인 락취어인이위선

〈공손추 상〉

지위가 높아지거나 나이가 들수록 주변에 도와주는 사람도
많아집니다. 처음에는 어색하지만 점차 어른으로 대접해 주는
것이라고 생각해서 익숙해집니다. 우선 지위가 높아질 때입니
다. 지위가 높아지면 자신의 눈치를 보는 사람들이 더 많아짐
을 느낍니다. 아무래도 그만큼 권력을 더 갖기 때문입니다. 누

군가를 평가하거나 이익을 줄 수 있기 때문에 점차 목에 힘이 들어갑니다. 자신에게 아첨하는 목소리가 마치 세이렌의 소리처럼 달콤하기만 합니다. 그런데 권력에 취해서 제멋대로 하다 보면 결국 사단을 일으키게 됩니다.

완장을 차고 변하는 분들이 있습니다. 그들은 회사를 위한다는 명분이 있었지만 다른 직원들은 그렇게 생각하지 않았습니다. 그렇게 계속 자신의 권력을 휘두르다 보면 직원들은 떠나게 되어 있습니다.

나이가 들어서도 마찬가지입니다. 평생 열심히 살아왔기 때문에 어른으로 존중을 받고 싶을 것입니다. 나도 윗사람을 존중하고 살았기 때문입니다. 하지만 그런 것에 너무 익숙해지면 게을러집니다. 내가 치워도 될 것을 다른 사람이 치워 주고 내가 끝낼 수 있는 일도 다른 사람이 대신해 줍니다. 그런 삶에 익숙해지면 타인에게 의지하면서 자신도 나이를 먹었다며 마음이 위축됩니다.

몸소 밭을 갈고
물고기를 잡은 순임금

맹자는 순임금의 예를 들면서 그의 덕을 칭송했습니다.

순임금은 요임금이 신중하게 선택한 후계자입니다. 평소의 덕행이 널리 알려진 순임금에게 요임금이 자신의 두 딸을 시집보냈을 정도입니다. 그가 결혼 후에도 여전히 몸가짐이 바르고 부부 생활을 원만하게 하는 것을 보고 후계자로 정한 후 선양을 했습니다.

순임금은 황제가 된 후에도 변하지 않았습니다. 자신을 구박했던 계모와 동생을 잘 대했고, 백성들의 생활 전선에 뛰어들어서 같이 밭을 갈고 곡식을 심었습니다. 질그릇을 굽고 물고기를 잡기도 했습니다. 순임금이 백성들보다 실력이 더 나았을지는 모르겠지만 이러한 모범적인 행동을 보여 주며 백성들의 갈등을 중재하고, 백성들이 자신의 일에 최선을 다하도록 격려했습니다.

이를 《맹자》에서 다음과 같이 기술했습니다.

"밭을 갈고 곡식을 심으면서 질그릇을 굽고 물고기를 잡을 때부터 황제가 될 때까지 상대방의 장점을 취하지 않은 것이 없으셨다."

《사기》에서는 순임금이 농사를 짓자 농부들이 밭의 경계를 양보하고, 물고기를 잡자 백성들이 서로 다투지 않고 양보하고, 질그릇을 빚자 그릇이 훌륭해졌다고 했습니다.

물론 순임금이 유가에서 이야기하는 이상적인 임금이 아닐 수도 있습니다. 우리에게 익숙한 요순 시대는 미화되었을 가능성도 있습니다. 평화적인 선양이 아니라는 의견도 있습니다. 하지만 적어도 나라를 바르게 통치하고, 백성들이 태평성대를 외쳤다면 순임금의 나라는 충분히 우리가 바라는 이상적인 사회가 아닐까 싶습니다.

맹자는 이야기했습니다.
"군자가 상대방이 선을 행하도록 도와주는 것보다 더 위대한 것은 없을 것이다."

즉 군자는 다른 이들이 선한 일을 하도록 도와주는 역할을 해야 한다는 것입니다. 어떤 일을 하거나 어떤 위치에 있든 마찬가지입니다. 만약 내가 독서 모임의 리더라고 한다면 구성원들과 책을 읽고 토론하면서 나아가 이들이 선한 영향력을 미치도록 하는 것이 역할입니다. 더 나은 세상을 만들기 위해서 사회적 약자를 돕거나 또는 더 많은 독서 활동을 장려하는 것입니다. 사회적으로 존경을 받거나 높은 위치에 있더라도 마찬가지입니다. 스스로 자신을 챙길 줄 알고 모범이 되어야 합니다. 그렇게 해야 구성원들도 진심으로 따를 것입니다.

기본적인 일부터 내가 해야 할 일은 내가 합니다. 기상 후 침구를 정리하고, 내 공간은 내가 청소하고, 내가 쓴 컵은 내가 설거지를 하고, 업무 스케줄을 관리하고, 보고서를 작성하는 등 할 일이 많습니다. 나는 생각만 하고 입이나 손으로만 지시하는 위치에 있다고 생각하면 현상의 본질을 깊게 바라볼 수 없습니다. 직접 피부로 느껴야 무엇이 문제인지 인지하고 해결책을 모색할 수 있습니다.

순임금이 황제의 신분임에도 농사일을 하고 물고기를 잡으러 다닌 것도 백성들에게 귀감을 보이면서 일의 소중함을 보여주기 위함이었습니다. 이를 통해서 백성들의 고난과 아픔도 피부로 체감했을 것입니다. 백성들은 자신의 일에 자긍심을 느끼고, 임금의 중재에 갈등을 해결할 수 있었습니다. 물론 이 결과도 꽤 오랜 시간이 걸려서 이루어졌습니다.

고려 시대 성종은 원구에서 풍작을 빌고 몸소 적전을 갈면서 친경의식을 행했습니다. 조선 시대에는 친경의식이 서울에서 행해졌습니다. 성종 때는 왕이 먼저 친경을 하고 이어서 왕세자, 신하, 그리고 농부들이 순서대로 적전을 행했다고 전해집니다. 그만큼 리더의 솔선수범 정신은 과거에서부터 이어진 의식입니다.

나이가 들고 지위를 갖게 되면서 점차 안일해짐을 느낄 때가 있습니다. 과거의 경험과 노하우로 적당하게 처리하면 된다는 생각도 듭니다. 그럴 때마다 다시 한번 자신을 돌아보아야 합니다. 지금의 위치가 영원한 것도 아니고, 남은 생애를 어떻게 살아야 할지 고민합니다. 나는 과거의 나와 비교했을 때 어떠한지, 내가 잊고 있는 열정은 무엇인지 생각해 보아야 합니다.

자기 잘못을 아는 사람,
잘못을 사과할 줄 아는 사람

자신의 죄를 아는 사람은 오직 공거심 한 사람뿐입니다.

知其罪者 惟孔距心

지기죄자 유공거심

〈공손추 하〉

 나이가 들면서 성장을 하는 사람과 성장을 멈추는 사람이 있습니다. 성장을 하는 사람의 가장 큰 특징은 자신을 돌아보면서 성찰하고 더 나아지기 위해서 노력한다는 점입니다. 그 어느 때보다 자기 계발이 유행하고 많은 분이 매일 성실하게 노력하고 있지만 사실 겉으로 드러나는 노력보다 더 중요한 것은 내적인 성장입니다.

 살면서 많은 경험을 하다 보면 자칫 자신의 경험과 지식이 우선이라고 오해할 수 있습니다. 그럴 때 내가 여전히 실수할 수 있고 잘못할 수 있다는 것을 인정하는 자세가 정말로 중요합니다. 인간은 불완전한 존재고, 죽는 그 순간까지 변하지 않습니다. 그렇기 때문에 수많은 선현도 매일 자신을 돌아보고 반성했습니다.

자신의 잘못을 인정하는 것은 쉽지 않습니다. 어릴 적 사회에서 후배 위치일 때는 잘못을 인정하는 것이 그다지 어렵지 않습니다. 경험이 부족하고 배워야 할 점이 많다고 생각하기 때문입니다. 하지만 나이가 들면서는 후배들에게 잘못을 인정하는 것이 쉽지 않습니다. 사회적 체면도 신경이 쓰이고 창피하다고 느끼기 때문입니다.

이러한 고집이 별로 도움이 되지 않는다는 것을 깨달아야 합니다. 사과하면 쉽게 해결될 일이 사과하지 않아서 문제가 더 커지는 경우도 있습니다. "그 부분은 제가 잘못 생각했네요. 알려 주셔서 감사합니다"라고 말입니다.

나이 들수록 필요한
솔직하게 사과하는 용기

맹자가 제나라의 평륙 읍에 가서 공거심이라는 대부에게 말했습니다.

"창을 잡고 있는 병사가 하루에 세 번이나 대오를 벗어난다면 그를 죽일 것인가요? 죽이지 않겠는지요?"

그는 군대에서는 군기가 중요하기 때문에 잘못하면 세 번이나 기다리지 않겠다고 답했습니다. 맹자는 본론을 말했습니다.

"그렇다면 대부께서 대오에서 벗어난 일도 많습니다. 흉년이 들어서 다들 굶주릴 때 늙고 허약한 백성들은 도랑과 구덩이에서 나뒹굴었고 건장한 자들도 흩어져서 떠난 자만 수천 명이 됩니다."

그러자 대부는 그것은 자신이 뜻한 대로 할 수 있는 일은 아니라고 항변했습니다. 맹자는 한 번 더 유도 질문을 했습니다.

"다른 사람의 소와 양을 빌려서 길러 주는 자가 있다면 반드시 목장과 풀을 구할 것입니다. 그런데 만약 목장과 풀을 구하지 못한다면 다시 주인에게 돌려주어야 할까요? 아니면 소와 양이 죽는 것을 방관하고 있어야 할까요?"

맹자가 한 질문의 속뜻은 자신이 잘못을 했다면 깨끗하게 인정하고 원래 주인에게 소와 양을 돌려주어야 한다는 것이었습니다. 목장과 풀을 못 구한 것이 자신의 잘못이 아니기 때문에 그냥 수수방관하면 안 된다는 의미의 질문입니다.

마찬가지로 백성들이 굶어 죽어서 여기저기 시체가 뒹굴고 건장한 젊은이들이 고향을 떠나는데 그것을 자신의 책임이 아니라고 하는 것은 직무 유기라는 뜻입니다.

맹자의 정곡을 찌르는 질문에 대부 공거심은 할 말을 잃었습니다. 그리고 그는 잘못을 인정했습니다.

"이것은 모두 저의 죄입니다."

여기에서 끝내지 않고, 맹자는 제나라 왕을 만나서 이야기했습니다. 습니다.

"왕의 도읍을 다스리는 사람들 중에서 신이 다섯 사람을 알고 있는데 자신의 죄를 아는 사람은 오직 공거심 한 사람뿐입니다."

이어서 맹자는 왕에게 그들과 한 대화를 모두 설명했습니다. 그러자 제나라 왕도 "이것은 모두 과인의 죄입니다"라고 잘못을 인정했습니다. 제나라 왕과 대부 공거심은 그래도 일말의 양심이 있었기 때문에 맹자의 충언을 듣고 깨달음을 얻었습니다. 하지만 나머지 신하들은 그렇지 않았습니다.

맹자는 말했습니다.

"사람에게 도리가 있고, 배불리 먹고 따뜻하게 입으면서 오직 편안하게 살기만을 추구하고 가르침 없으면 이는 금수에 가깝다."

배움과 가르침이 필요하다는 의미입니다. 그렇지 않다면 마치 짐승과 다름없다고 했습니다. 여기서 배움은 지식도 있지만 삶의 지혜도 있습니다. 많은 사람이 곤란을 겪고 나서 깨닫고 배웁니다. 실수를 통해서 배우는 것입니다. 문제는 곤란을 아무리 겪어도 스스로 배우지 않고 나아지려고 노력하지 않는 경우입니다. 자신이 잘못한 바를 인정하지 않습니다.

나를 돌아보는 방법은 어렵지 않습니다. 매일 일기를 쓰면서 나 자신을 성찰하면 됩니다. 일기를 쓰기 힘들다면 하루에 한 줄이라도 내가 감사해야 할 것, 잘못한 것을 적어 보아도 좋습니다. 이렇게 자신을 돌아보면 내가 항상 옳지는 않다는 것을 깨닫게 됩니다.

그리고 잘못한 점은 사과하는 용기가 필요합니다. 사과하는 습관은 감사하는 습관만큼 중요합니다. 물론 겉으로만 사과하는 것이 아닌 진심 어린 마음이 필요합니다. 그것은 가정에서부터 시작해 사회생활에서도 마찬가지입니다. 감사하는 습관을 키우는 것처럼 사과하는 습관을 키운다면 아름다운 어른이 된다고 생각합니다. 솔직하게 사과하는 어른에게 사람들은 돌을 던지지 않고 오히려 그 용기를 칭찬합니다.

돈으로 마음 사지 말고
돈에 마음 팔리지도 마라

———— ◆◆◆ ————

처한 일이 없는데 돈을 보내 준다면 이는 재물로 나를 매수하
는 것이다. 어떻게 군자로서 재물에 농락당할 수 있겠는가?
無處而饋之 是貨之也 焉有君子而可以貨取乎
무처이궤지 시화지야 언유군자이가이화취호

<공손추 하>

예전에는 어른이 되면 존중과 대접을 받았지만 그만큼 많이
베풀어야 했습니다. 우선 밥을 자주 샀습니다. 제가 학창 시절
에 신입생은 지갑을 안 가지고 다닐 정도였습니다. 그만큼 선
배들의 지출이 많았습니다. 하다못해 김치찌개에 소주를 먹더
라도 선배가 사는 경우가 대부분이었습니다.

이러한 문화도 점차 바뀌고 있습니다. 비용을 사람 수대로

나누어서 계산하는 것이 일상이 되었습니다. 밥을 사는 것이 어른으로서 체면을 차리는 하나의 수단이었는데 그 수단이 점차 사라지고 있는 것입니다. 동년배 친구와 나누어 내는 것은 당연하고 후배들과도 대부분 각자 계산합니다. 서로에게 빚지지 않아서 편한 마음도 들지만 그만큼 개인주의적인 삶이 깊어지고 있습니다. 예전에는 '우리가 남이가?'라고 하면서 돈독한 관계를 강조했다면, 이제는 '우리는 남이다'가 정착되고 있습니다.

사실 사회 전반에 걸친 카르텔 문화가 아직 있기 때문에 '우리는 남이다'라는 마음가짐이 필요하기는 합니다. 그렇게 해야 잘못된 관행을 개선할 수 있습니다. 소위 학연, 지연, 혈연이 가져온 부작용도 인지해야 합니다. '순살 아파트'라고 비아냥을 들은 아파트 부실 공사도 이러한 잘못된 관계에서 시작되었습니다. 한국토지주택공사의 직원이 뇌물을 받은 사건은 일파만파로 번졌습니다. 기준 미달인 업체에 품질 우수 통지서를 발급한 사실도 밝혀져 한국 사회의 고질적인 문제인 전관예우의 부작용이 드러나기도 했습니다.

한국 사회 고유의 문화인 정을 무시하자는 것은 아닙니다. 다만 공적인 일은 공정한 기준으로 판단해야 합니다. 부정과 부패는 모두 욕심에서 출발합니다. 사회 생활 경력이 많아질수록 이해관계가 많아집니다. 그래서 부탁할 일도, 부탁받을 일도 늘어나기 마련입니다. 내가 도와준 만큼 나도 유무형의 이익을 받기 때문에 자신의 이익을 위해 뒤를 봐주기도 하지요.

스승님, 왜 어떤 돈은 거절하고
어떤 돈은 허락합니까?

맹자가 뇌물을 받았다고 제자에게 비난받은 적이 있습니다.

맹자의 제자 진진이 물었습니다.

"스승님, 지난번에 제나라 왕께서 금 100일을 주셨는데 받지 않으셨지만 송나라에서는 70일을 주셨는데 받으셨고, 설나라에서는 50일을 주셨는데 받으셨습니다. 지난번 (제나라에서) 받지 않은 것이 옳다면 이번에 받으신 것이 잘못입니다. 만약 이번에 받으신 것이 옳다면 지난번 (제나라에서) 받지 않으신 것이 잘못입니다."

맹자는 여기에 대해서 다음과 같이 설명했습니다.

"네 말이 모두 맞다. 송나라에 있을 때 나는 먼 길을 가야 했고, 먼 길을 가는 사람에게는 노잣돈을 주기 마련이다. 그때 (송나라에서) 말하기를 '노잣돈입니다'라고 했으니 내가 어찌 받지 않을 수 있겠느냐? 설나라에서는 (나쁜 사람이 나를 해치려고 했기 때문에) 내가 경계하고 있었는데 '경계하고 계시다는 말을 들었기 때문에 (호신을 위해서) 병기 마련을 위해서 드립니다'라고 했으니 어찌 받지 않을 수 있겠는가?"

맹자는 이유가 명확했기 때문에 돈을 받았다고 했습니다. 송나라에서는 여비가 필요했는데 노잣돈을 주는 것이 관례였으므로 받은 것이고 설나라에서는 자신과 제자들을 위협하는 무리들이 있어서 호신을 위한 무기를 마련하기 위함이었습니다.

마지막으로 맹자는 이렇게 답했습니다.
"제나라에 있을 때는 (그러한 상황에) 처하지 않았다. 처한 일이 없는데 돈을 보내 준다면 이는 재물로 나를 매수하는 것이다. 어떻게 군자로서 재물에 농락당할 수 있겠는가?"

맹자의 말이 얼핏 핑계 같다는 생각도 들지만, 당시 시대상을 보면 합리적인 판단이었습니다. 수많은 유세가가 제후들에게 유세를 하고, 거기에 대한 평가만큼 정당한 사례를 받기 마련입니다. 오늘날로 말하면 컨설팅 비용인 셈입니다.

맹자도 아무런 이유 없이 대가를 받은 것이 아닙니다. 송나라, 설나라에 머물 때 그만큼 제후들에게 국정 운영에 필요한 좋은 의견과 제안을 주었기 때문에 이들이 맹자에게 감사의 마음을 느꼈던 것입니다. 그렇게 본다면 제나라에서 돈을 받는 것도 일종의 용역비이기 때문에 큰 문제가 되지 않습니다. 오히려 정당한 대가로 보아야 합니다. 하지만 맹자는 이것을 거절했습니다. 이 돈은 맹자와 그의 제자들의 지식 제공에 대한 적정한 사례가 아니라 사악한 돈이라고 여겼기 때문입니다. 이들을 금전적으로 매수하기 위함으로 해석한 것입니다.

맹자가 이렇게 돈을 분별한 것은 소탈했기 때문입니다. 만약 그가 부와 명예를 취했다면 당연히 제후국에 더 많은 돈을 요구하고 호의호식하면서 살았을 것입니다. 하지만 그는 적당한 수준의 대가를 받았습니다. 그 이상도 그 이하도 요구하지 않았습니다. 그러한 중도를 지켰기 때문에 맹자는 떳떳할 수 있었고 제자들도 마찬가지로 떳떳할 수 있었습니다. 그가 제나라의 뇌물에 맛을 들였다면 더는 바른 소리는 하지 않았을 것입니다. 더 많은 돈을 받기 위해서 입에 발린 말을 했을 겁니다.

욕심을 버려야 한다는 말을 많이 하지만 결코 쉽지 않습니다. 더 높은 지위와 명예를 바라는 마음이 생기기 마련입니다. 하지만 그런 욕심이 들 때마다 스스로에게 물어보기 바랍니다.

'과연 이 자리에 내가 앉을 자격이 있는가?'
'나는 충분한 가치를 제공했는가?'
'거기에 대한 대가를 받고 있는가?'

이러한 질문을 하면서 스스로 균형감을 유지하는 자세가 필요합니다. 자칫 잘못하면 탐욕의 늪에 빠져서 자신을 잃어버리고, 자신뿐만 아니라 가정도 망칠 수 있습니다.

극단으로 가는 것을
경계하라

─────────◈◈◈─────────

백이는 (지나치게 청렴해서) 도량이 좁았고, 유하혜는 (거만해서) 공손하지 못했다. 도량이 좁고 공손하지 못한 것은 군자가 따를 바가 아니다.

伯夷隘 柳下惠不恭 隘與不恭 君子不由也
백이애 유하혜불공 애여불공 군자불유야

〈공손추 상〉

백이는 '백이와 숙제' 고사로 유명한 인물입니다. 이들은 본래 작은 나라인 고죽국의 후계자였으나 권력을 멀리해서 은둔했습니다. 그런데 주나라의 무왕이 폭군인 은나라의 주왕을 정벌하려고 하자 이는 인의 자세가 아니라고 비판하고 사양산에 은둔했습니다. 두 형제는 산에서 고사리를 캐 먹다가 결국 굶어 죽었습니다.

노나라의 현자이면서 대부인 유하혜는 형법을 관리하는 사사(士師)였습니다. 그는 사고방식이 유연했으며 예의범절을 잘 지켜서 공자로부터 칭송을 받았습니다. 불행히도 그가 섬긴 제후는 그다지 현명하지 않았습니다. 노나라에 세도가 정치가 시작되면서 정국이 혼란했습니다. 그는 세 차례나 벼슬자리에서 물러나야 했습니다.

유하혜는 이렇게 말했습니다.

"너는 너이고, 나는 나이기 때문에 네가 비록 내 곁에서 옷을 벗고 알몸을 드러낸다고 해도 나를 어찌 더럽힐 수 있겠는가?"

맹자는 다음과 같이 유하혜를 칭찬했습니다.

"더러운 군주를 섬기는 것을 부끄러워하지 않고 하찮은 벼슬도 낮게 여기지 않고 조정에서는 현명하게 처신하고 자신의 원칙을 다했으며 임용되지 못해도 원망하지 않았다."

맹자는 또한 이렇게 말했습니다.

"백이는 성인 가운데 청렴한 자이고, 이윤은 성인 가운데 책임감이 강한 자이며, 유하혜는 성인 가운데 조화로운 자이고, 공자는 성인 가운데 중도에 맞는 자이다."

사람이 너무 곧으면 궁지에 처하고 너무 굽히면 믿음을 못 받는다

그렇지만 백이는 고지식할 정도로 원칙을 지켰습니다. 백이는 군주답지 않다고 생각하면 섬기지 않았고 벗도 사귈 만한 사람이 아니면 애초에 벗하지 않았습니다. 악한 사람이 있는 조정에 서지 않았고 악한 사람과는 말조차 섞지 않았습니다. 이들과 함께 있는 것은 마치 진흙과 숯구덩이에 앉아 있는 것과 같다고 여겼습니다. 따라서 다른 제후들이 찾아오더라도 이를 받아주지 않았고 출사하는 것을 달갑게 여기지 않았습니다.

다만 세상일은 수많은 타협과 협상으로 이루어지는데 나의 기준에 미달한다고 해서 애초에 대화도 하지 않는 것은 문제가 있습니다. 따라서 원칙은 필요하지만 이를 조정하는 유연함도 필요합니다. 그것은 보다 큰 대의, 공공의 안녕과 발전을 위함입니다. 비록 무왕이 은나라의 주왕을 죽이고 주나라를 세운 불충을 저질렀지만, 주왕의 폭정으로 수많은 신하와 백성이 공포에 떨고 있었기 때문에 새로운 나라를 세울 당위성은 충분했습니다. 백이가 생각하는 도는 그 범위가 작다고밖에 말할 수 없습니다.

유하혜는 아무리 악한 자와 함께 일하더라도 유연한 자세를 가졌습니다. 다만 그것은 자리에 대한 욕심으로 보일 수 있습니다. 사실 그는 잘못된 정치에 환멸을 느껴서 조정을 떠나려고 했으나 다른 이들이 붙잡자 다시 돌아와서 자리에 앉았습니다. 맹자는 이 점을 비판했습니다. 현명하고 원칙이 있는 재상이 자신의 뜻을 굽히고 현실과 타협을 했다는 것입니다.

맹자는 두 사람을 두고 "백이는 (지나치게 청렴해서) 도량이 좁았고, 유하혜는 (거만해서) 공손하지 못했다. 도량이 좁고 공손하지 못한 것은 군자가 따를 바가 아니다"라고 말했습니다. 백이는 자신의 원칙을 굳게 지키기 위해 수양산으로 도피해서 굶어 죽었고, 유하혜는 원칙이 있음에도 현실과 쉽게 타협했다는 것입니다.

오늘날 많은 이가 유하혜와 같습니다. 목구멍이 포도청이라는 이유로 잘못된 현실과 타협을 합니다. 불의를 보아도 나와 가족의 생계를 위해서 눈감는 경우가 허다합니다. 하지만 세상에 유하혜와 같은 사람만 있다면 어떻게 될까요? 모두가 자신의 안녕을 위해서만 산다면 수많은 문제를 야기할 것임은 불 보듯 뻔합니다.

그렇다고 백이와 같이 고지식할 정도로 원칙을 지키는 것도 문제가 있습니다. 세상일은 수많은 타협과 협상으로 이루어지는데 애초부터 대화가 되지 않기 때문입니다.

성철 스님은 "우리가 성불하려면 자성을 바로 보아야 하고, 자성이 곧 중도를 바로 깨쳐야 견성을 한다"라고 했습니다. 중도는 중간을 가야 한다기보다는 치우치지 않은 바른 도리라는 의미입니다.

나이가 들수록 편협한 사고방식에 빠지지 않으려면 낮은 자세로 경청하고 내가 틀릴 수 있다는 점을 인정해서 과연 어떤 길이 바른지 고민하고 사색하는 자세가 필요합니다. 그렇게 해야 나 자신을 잃지 않고 중도의 길을 걸을 수 있습니다. 오직 나만 옳고 상대방은 그르다는 자세는 진정한 군자의 태도가 아닙니다.

억지 부릴수록
좋은 결과와 멀어진다

◆◆◆

우선 네가 전에 배운 것을 버리고 나의 말을 따르라고 하시
면 어떻겠습니까?

姑舍女所學而從我 則何如

고사녀소학이종아 즉하여

<양혜왕 하>

"선무당이 사람 잡는다"라는 속담이 있습니다. 의술이 서툰
사람이 함부로 사람을 치료하다가 사람을 죽이기까지 한다는
표현입니다. 종국에 이 표현은 능력이 없으면서 자신의 실력을
맹신하는 것을 주의해야 한다는 말입니다. 자신의 경험과 생각
을 과하게 믿을 때가 문제입니다. 그럼 상대방과 대화를 하기
보다 자신이 옳고 맞다고 주장하고 일방적으로 강요하게 됩니

다. 유연한 사고방식과 넓은 포용력을 가지고 큰 목표와 방향을 제시하는 어른을 찾기가 쉽지 않습니다.

진정한 어른이 된다는 것은 어떤 의미일까요? 어른은 우선 그릇이 크고 넓은 사람일 것입니다. 돈을 잘 쓰고 호탕하게 보인다고 그릇이 큰 것은 아닙니다. 그것은 단지 겉모습일 뿐입니다. 조용히 자신의 일을 묵묵히 하면서 새로운 일에 도전을 멈추지 않고 넓은 아량과 포용을 보이는 사람이 진정으로 그릇이 큰 사람입니다.

모양이 마음에 안 든다고
본질을 바꿀 것인가

맹자가 제선왕을 만나서 말했습니다.

"왕께서 말씀하시기를 '우선 네가 전에 배운 것을 버리고 나의 말을 따르라'고 하시면 어떻겠습니까?"

사연은 이렇습니다. 제선왕이 왕도 정치가 아니라 이웃나라를 침략하여 세력을 넓히는 패도 정치를 하려고 하자 맹자가 경고했습니다. 맹자는 목수의 예를 들었습니다.

나라에서 큰 궁실을 짓고자 왕이 우두머리 목수에게 큰 나무를 주었습니다. 우두머리 목수는 기뻐하며 궁실을 지을 수 있다고 했습니다. 그런데 밑에서 일하는 목수들이 큰 나무를 너무 작게 깎아 버리는 바람에 궁을 지을 수가 없게 되었습니다. 왕은 노여워하며 목수가 이 임무를 못할 것이라고 말했습니다. 그러면서 왕이 "네가 전에 배운 것을 버리고 나의 조언을 따르라"고 한다면 어떻게 될까요?

이번에 맹자는 옥돌의 예를 듭니다. 옥을 다듬는 장인에게 다듬지 않은 옥돌을 주며 아무리 돈이 많이 들더라도 쪼개고 다듬으라고 합니다.

궁궐을 지으려는 나무를 다듬다가 실수로 너무 작아지면 다시 큰 나무를 구해 오면 됩니다. 하지만 옥돌은 다릅니다. 한번 잘못 다듬으면 다시는 되돌릴 수 없습니다. 그야말로 대형 사고입니다.

그렇게 중요한 것이 옥돌이고, 그보다 더 중요한 것이 정치입니다. 나라를 다스리는데 그동안 신하가 평생 배운 왕도 정치의 이상을 버리고 왕이 추구하는 패도 정치를 따르라고 한다면 어떨까요? 그것은 옥돌을 깎는 장인에게 그동안 스승에게 배운 것이 아닌 왕의 명령대로 옥돌을 깎는 것과 다름없다는 것입니다. 당연히 옥돌의 형상은 엉망이 될 것입니다.

결국 전문가에게 전문적인 일을 맡기고 백성을 다스리는 것도 인과 예, 의에 정통한 신하들의 조언을 따르라는 충고입니다. 그런데 제선왕뿐만 아니라 우리도 어른이 될수록 마치 내가 전문가라도 되는 양 불필요한 충고를 합니다. 이미 다른 이들의 역량이 충분함에도 믿지 못하고 의심하기 때문일 겁니다. 물론 적당한 조언은 필요하지만 그것이 과할 때 문제가 됩니다. 사공이 많으면 배가 자칫 바다로 안 가고 산으로 갈 수도 있으니까요.

대기업이나 중소기업 등 어떤 기업이라도 마찬가지입니다. 창업주의 리더십은 정말 중요합니다. 그것은 전문 경영인이 갖기 어려운 부분입니다. 하지만 전문 경영인이나 연륜 있는 부하 직원의 조언을 듣는 것도 역시 중요합니다. 창업주가 오랜 경험으로 큰 비전을 제시할 수 있지만, 수많은 목표를 세우고 이를 실행하는 것은 경영진과 직원들이기 때문입니다. 만약 이들 전문가 집단의 의견을 묵살하고 주먹구구식으로 경영을 한다면 당연히 문제가 발생하기 마련입니다. 지금까지 역사에서 사라진 기업들의 사례만 보아도 짐작할 수 있습니다.

실무를 할 때도 그렇습니다. 리더가 목표를 제시하면 이를 실무에 적용해서 결과물을 산출하는 것은 실무진입니다. 목표를 제시하고 소통을 통해서 방법을 조정하는 것도 리더의 몫입니다. 단지 내가 지위가 높다는 이유로, 경험이 더 많다는 이유로 의견을 묵살하는 것은 바람직하지 않습니다.

그렇다면 어떻게 해야 할까요? 먼저 겸허한 자세를 가지고 경청을 해야 합니다. 물론 무조건 잘 듣는 것만이 능사는 아닙니다. 리더는 방향을 제시하는 사람이기 때문입니다. 실무에서 어려움이 있다고 호소하면 그 부분을 자세히 들여다보고 방향성을 같이 논의해야 합니다. 리더도 모든 것을 알기는 어렵기 때문에 같이 고민하고 해결책을 찾아야 합니다.

비단 회사뿐만 아니라 사회 어느 곳에서도 마찬가지입니다. 나의 경험도 그냥 쌓인 것은 아니지만, 나보다 더 잘 아는 사람들도 있게 마련입니다. 따라서 잘 경청하고 같이 고민해서 방향성과 해결책을 제시할 줄 알아야 합니다. 나이 많은 사람으로서가 아니고, 이러한 자세로 산다면 당연히 주변에서 존경의 시선으로 바라볼 것입니다. 나이가 들어도 더 큰 그릇이 되고, 지속적으로 성장하는 모습이 필요한 이유입니다.

3장

어떻게 적당히 잘
살 수 있을까?

오십의 수오지심

하루아침의 물거품 같은 근심을 하지 말고
일생을 두고 할 의미 있는 근심을 하라.

맹자

나잇값을 한다는 것은
부끄러움을 안다는 것

* ❖❖❖ *

부끄러움은 사람에게 매우 중요하니 교묘하게 기교를 부리려는 사람은 부끄러움을 모르는 사람이다. 부끄러워하지 않는다면 어찌 다른 사람과 같아지겠는가.

恥之於人大矣 爲機變之巧者 無所用恥焉 不恥不若人 何若人有

치지어인대의 위기변지교자 무소용치언 불치불약인 하약인유

<진심 상>

염치의 뜻은 '체면을 차릴 줄 알고 부끄러움을 아는 마음'을 뜻합니다. 동양 사회에서는 염치를 중요시했습니다. 염치에는 부정적인 뜻도 있습니다. 주변의 시선에 신경을 쓰고 체면을

차리기 위해서 허례허식을 일삼을 때 쓰이지요. 체면치레만 중요시하면 내가 거주하는 집부터 시작해서 차와 옷, 식당 등 겉으로 보이는 것에 집착하게 됩니다. 여기서 말하려는 염치는 겉모습이 아니라 마음에 대한 내용입니다.

50대에 이르면 사회적인 지위로 평가받습니다. 꼭 성공한 위치가 아니라도 경험과 연륜을 바탕으로 자신만의 경지에 이른 지위를 뜻합니다. 이 나이쯤 되면 사회생활을 적어도 20년에서 30여 년 가까이 하며 많은 실수와 실패를 경험했기 때문에 무엇이 옳고 그른지에 대한 판단력도 생깁니다. 어떤 태도로 살아야 하는지도 인식합니다.

반면 50대에 이르러도 잘못된 염치에 빠져 있거나 또는 염치를 따지지 않고 행동하는 사람들도 있습니다. '염치가 없다'는 것은 부끄러움을 모른다는 뜻입니다. 회식 자리에서 부하 직원에게 술을 강권하거나, 술에 취해서 주변 사람에게 피해를 주거나, 나이가 많다고 어린 사람에게 불필요한 훈계를 늘어놓는 것도 나잇값을 못하고 염치가 없는 경우입니다.

이러한 사람은 나잇값을 못하고 염치가 없다는 것도 모릅니다. 놀라울 정도로 얼굴이 두껍습니다. 자신의 경험이 무조건 옳아서 상대방을 깎아내리기도 합니다. 자신의 힘과 자신과 가까운 사람들을 믿고 큰소리칩니다. 이러한 사람들은 두고두고 뒷담화의 단골이 되겠지요.

염치 없는 사람들을 향한 맹자의 외침

"사람은 부끄러움이 있어야 하고, 부끄러움이 없는 것을 부끄러워할 때 부끄러움이 없을 것이다."

맹자는 스스로 자신을, 세상을 우러러 한 점 부끄러움 없는 사람이라고 생각하거나 말한다면 그 자체가 부끄러운 것이라는 뜻으로 말했습니다. 시인 윤동주가 〈서시〉에서 "죽는 날까지 하늘을 우러러 한 점 부끄럼이 없기를"이라고 표현한 삶의 자세는 정말로 어려운 것입니다. 아마 윤동주는 부끄러운 삶을 느끼면서 부끄럽지 않기 위해 이러한 맹세를 했는지도 모릅니다.

맹자는 이렇게 덧붙였습니다.

"부끄러움은 사람에게 매우 중요하니, 교묘하게 기교를 부리려는 사람은 부끄러움을 모르는 사람이다. 부끄러워하지 않는다면 무엇이 다른 사람과 같겠는가."

맹자의 시대에는 유독 부끄러움을 모르는 사람이 많았나 봅니다. 권력에 빌붙어서 백성들의 안위는 전혀 신경 쓰지 않는 이들이 있었습니다. 백성들이 굶어 죽어서 거리에 시체가 쌓여 있어도 자신들의 부와 명예를 위해 상대방을 짓밟는 것에 혈안이었습니다. 그랬기 때문에 맹자는 피를 토하는 심정으로 "부끄러움을 알아야 한다"라고 역설했습니다. 이는 당시 위정자들에게도 외친 말이었습니다.

우리는 살면서 교묘하게 기교나 잔꾀를 부리는 사람들을 만나기도 합니다. 상대방에게 잘 보이기 위해서 아부나 아첨을 하고, 속마음과 달리 겉으로는 웃으면서 상대방의 마음을 사려고 노력하지요.

부끄러움을 안다는 것은 나에 대한 부끄러움입니다. 마음에 없는 공수표를 남발하고 사람들을 현혹해서 이익을 꾀하는 것이 진정한 부끄러움입니다. 그래서 상대방의 화려한 말솜씨에 속아 행복감을 느끼고 기꺼이 비용을 지불했다면 그나마 낫겠지만, 대부분 사람들은 기만을 느낄 것입니다. 그리고 나에 대한 믿음도 점차 사라질 것입니다.

나이 오십에 이르러, 다시 한번 나 자신을 돌아볼 일입니다. 나는 과연 부끄러움을 느끼고 아는 사람일까요? 먼저 제 자신에게 던지고 싶은 질문입니다.

화를 내야 할 때는
언제인가?

❖❖❖

(사람을 죽이는 데) 칼날을 사용하는 것과 정치로 하는 것과
다른 점이 있습니까?
以刃與政 有以異乎
이인여정 유이이호

<양혜왕 상>

나이 오십에 이르면 부쩍 화가 많아집니다. 화병도 느낍니
다. 예전보다 사소한 일에 화가 납니다. 음식물 쓰레기통 옆에
버려진 음식물 쓰레기를 볼 때, 갑자기 끼어든 차에게 차선을
양보했는데 비상등을 안 켜고 고마움을 표시하지 않을 때, 상
대에게 호의를 베풀었는데 당연시할 때 등. 전에는 그렇게 심
각하게 생각하지 않을 문제들을 이제는 민감하게 받아들이게

됩니다.

오십이 넘으면 점차 내 목소리가 들리지 않습니다. 집에서도 그렇고 사회에서도 마찬가지입니다. 사회적으로 지위가 높아도 곧 끝이 보이기 때문에 어떻게든 그 자리를 더 오래 유지하고 싶은 초조한 마음이 듭니다.

예전에는 50대가 그동안의 경험과 능력을 인정받아 마을에서 어른 대접을 받았지만 지금은 아닙니다. '꼰대'라는 비아냥을 듣기 일쑤입니다. 그래서 더 의기소침해지고 사소한 일에 화를 내게 됩니다. 물론 화도 내야 합니다. 마음속에 울분을 품고 있으면 화병이 나니까요. 화를 풀지 못하면 우울증에 걸리고 식욕도 잃고 삶의 목적도 상실합니다. 내가 왜 사는지 회의감이 듭니다.

다만 오십에 이르러서 진정으로 화를 내야 할 일은 따로 있습니다.

몽둥이나 칼이나 정치나 무기는 따로 없다

양혜왕이 맹자에게 가르침을 받고자 했을 때입니다. 맹자가 말했습니다.

"사람을 죽이는 데 몽둥이나 칼날이나 다른 점이 있습니까?"

그러자 왕은 잠시 생각한 후 말했습니다.

"다른 점이 없겠지요."

그러자 맹자는 또 질문했습니다.

"사람을 죽이는 데 칼날로 하는 것과 정치로 하는 것의 차이가 있습니까?"

왕이 말했습니다.

"다른 점이 없습니다."

맹자는 마침내 하고 싶은 이야기를 했습니다. 왕의 궁궐에는 살진 고기가 잔뜩 있고 마구간에는 살진 말이 있는데 백성은 굶주리고 들에는 굶어 죽은 시체가 있다면 이것은 짐승을 충동질해서 사람을 잡아먹게 하는 것과 마찬가지라는 것입니다. 이러한 행태를 보인다면 "어찌 백성의 부모 노릇을 할 수 있겠습니까?"라고 통렬하게 비판했습니다.

맹자도 울분에 가득 찼습니다. 당시 전국 시대에 남은 일곱 개의 강대국은 서로 견제하고 전쟁을 일삼으며 약소국들을 유린했습니다. 피해는 온전히 백성들의 몫이었습니다. 죄 없는 백성들은 전쟁터에서 또는 식량이 부족해서 굶어 죽었습니다. 반면 왕과 귀족의 곳간에는 식량이 가득하고 그들의 말과 가축은 살이 올랐습니다.

맹자는 이러한 현실을 비판하며 백성을 귀중하게 여겨야 한다고 수없이 말했습니다. 하지만 그의 뜻은 제대로 국정에 반영이 되지 않았습니다. 그럼에도 맹자는 자신의 주장을 되풀이하고 유세를 다니면서 뜻을 관철시키기 위해 노력했습니다.

나이 오십에 이르면 내가 정말로 화내야 할 대상을 생각할 필요가 있습니다. 나를 무시한다고 착각해서, 자존감이 낮아져서 사소한 일에 화를 낼 것이 아니라 보다 큰 가치가 무엇인지 고민할 때이기도 합니다. 50대가 가장 활발하게 활동할 수 있는 나이이고, 이는 60대에도 지속될 것입니다.

영국의 식민지 압제에 비폭력으로 저항한 사회 운동가인 간디, 그런 간디를 모델 삼아서 흑인들의 차별에 저항한 마틴 루터 킹 목사가 있습니다. 비록 킹 목사는 마흔에 세상을 떠났지만, 간디는 오십에 본격적인 독립 운동에 참여했습니다. 그 전에 간디는 변호사로서 전쟁 영웅으로서 승승장구하고 있었지만요. 간디는 자신이 남은 인생을 바칠 가치를 찾은 것입니다.

그렇다고 불의에 대항해서 목청을 높이고 시위를 하라는 것은 아닙니다. 우선 나와 가족, 주변을 돌아보고 개선할 점이 있는지, 커뮤니티를 보다 더 나아지게 만들 방법도 생각해 보면 어떨까요? 정치라는 게 대단한 것이 아닙니다. 이 또한 하나의 정치입니다.

맹자가 말했습니다.

"힘으로 인을 가장하는 자는 패권을 추구하는 군주이고, 패자는 반드시 대국을 소유해야 한다. 반면 덕으로 인을 행하는 자는 왕도를 행하는 자이고 그는 반드시 큰 것에 기대하지 않는다."

즉 내가 덕으로서 인을 추구한다면 규모는 중요하지 않습니다. 언제 어디서든 나만의 정치를 할 수 있습니다.

저도 현실과 불합리한 사회에 울분에 차고 화가 나고 무기력감을 느낄 때가 있습니다. 다만 많이 독서하고 사색하고 명상하고 글을 쓰면서 이러한 저의 마음을 온전히 바라보게 되었습니다. 화가 날 때도 있지만 그 화가 이전보다는 오래가지는 않습니다. 더 큰 목표를 향해서 정진하고, 사회의 변화를 위해서 제가 기여할 수 있는 방법을 생각하게 되었습니다.

시선을 보다 넓게 두면 나에게 일어나는 사소한 일에 의연해집니다. 물론 운전을 하다가 갑자기 끼어드는 차가 있다면 여전히 화가 나겠지만, 적어도 그 차에 대고 경적을 울리거나 헤드라이트를 켜지는 않을 겁니다. 화가 나는 나의 모습을 인지하고 지나가도록 할 것입니다. 내가 진정으로 화를 낼 것이 무엇인지 알기 때문입니다. 그렇게 자신의 마음을 다지고 단단하게 만드는 때가 50대라고 생각합니다. 오십 이후는 보다 의연하게 문제에 대처하고 큰 가치를 생각할 나이입니다. 그렇지 않는다면 죽을 때까지 타인에 대한 원망과 분노로 살아가야 할 것이고, 그것은 곧 평생 불행으로 가는 지름길이 될 것입니다.

어떤 일이든 무리하면
탈이 나기 마련이다

◆◆◆

(호연지기를 기르지 않고) 버려 두는 자는 벼 싹 주변에 잡
초를 뽑지 않는 사람일 것이다. 하지만 억지로 호연지기를
돕는 자는 벼 싹을 뽑아 올린 사람일 것이니 이는 단지 이롭
지 않을 뿐만 아니라 그것을 해하고 망치는 것이다.

舍之者 不耘苗者也 助之長者 揠苗者也 非徒無益 而又害之
사지자 불운묘자야 조지장자 알묘자야 비도무익 이우해지

〈공손추 상〉

순리는 '도리나 이치를 따른다'는 뜻입니다. 이 표현은 수동
적인 의미도 내포합니다. 어떤 변화를 추진하기보다 순리를 따
른다는 핑계로 변화를 거부할 수도 있으니까요. 하지만 세상의
이치에 거스르지 않고 수용한다는 '자연의 순리를 따른다'는 말

도 있고 '모든 일은 순리대로 한다'는 표현도 쓰듯이 순리를 보다 긍정적인 의미의 '받아들임'으로 보시면 좋겠습니다.

우리는 때로 어떤 일을 꼭 이루기 위해서 무리하는 경우가 있습니다. 목표 지향적인 사람이라면 더욱 그럴 것입니다. 예를 들어 회사를 100억 원대의 규모로 키우기 위해서 수단과 방법을 가리지 않다 보니 무리한 방법이나 편법을 동원하기도 합니다. 우여곡절 끝에 100억 원대 규모의 회사가 되었지만 부채는 이보다 더 커서 사상누각이 될 수도 있습니다.

자신을 수행하는 마음가짐도 마찬가지입니다. 나는 '선한 사람, 좋은 사람이 될 거야'라는 마음으로 좋은 일을 찾아서 행합니다. 그러면서 마치 자신이 정말로 훌륭한 사람, 군자가 되었다고도 생각합니다. 스스로 자화자찬을 합니다. 물론 아무것도 안 하거나 해악을 끼치는 사람보다 백배는 나을 것입니다.

그런데 선한 행위를 하면서 피로감을 느끼면 문제입니다. 너무 완벽한 사람이 되려고 노력하면 작은 실수에도 죄책감이 들고 낙담하게 되기 때문입니다. 그러다가 결국 군자의 길을 포기하게 됩니다. '이 길은 나의 길이 아닌 것 같다'고 말이지요.

빨리 자라라고 싹을 들어올리면
크지도 못하고 죽어 버린다

맹자는 호연지기를 강조했습니다. 넓고 큰마음과 굳은 신념을 가지고 살 수 있다면 얼마나 좋을까요? 넓은 마음으로 포용하고, 아무리 어려운 일도 헤쳐 나갈 수 있는 신념까지 갖춘 인생 말입니다. 세상의 작은 일에 얽매이지 않고, 사람과의 관계에도 스트레스를 덜 받을 것입니다. 하지만 우리가 인간인 이상 늘 흔들릴 수밖에 없습니다. 악마의 속삭임에 미혹됩니다.

맹자가 말했습니다.
"호연지기를 기르는 데 늘 그것을 기약하지 말아야 하지만 마음은 잊지 말아야 하며 억지로 조장해서도 안 된다."

즉 호연지기라는 화두를 가지고 살아야 하지만 그것에만 얽매여 살 필요는 없다는 뜻입니다. '나는 마음이 넓고 굳은 신념을 가진 사람이야'라고 자신에게 세뇌한다면 겉으로는 그런 모습을 보일 수 있겠지만 진심으로 호연지기를 체득하는 것은 아니라는 이야기입니다. 그렇다고 호연지기를 깡그리 잊으라는 것은 아니고, 화두로 들고 있으면서 자연스럽게 나의 삶에 스며들게 하고 이를 실행하라고 주문합니다.

맹자는 송나라의 사람을 사례를 들어서 이를 쉽게 설명했습니다.
어느 날 송나라 사람이 벼 싹이 잘 자라지 않는 것을 염려해서 싹을 억지로 뽑아 올렸습니다. 쑥쑥 크라는 좋은 의도였겠지만 과연 어떻게 되었을까요? 그는 피곤해하면서 집에 돌아와 가족에게 말했습니다.

"오늘 매우 피곤하구나. 내가 벼 싹이 자라는 것을 도와주었단다."

아들이 놀라서 논밭에 가 보니 벼 싹이 말라 죽어 있었습니다.

이 이야기를 읽으면서 우리는 송나라의 농부를 비웃지만, 사실 우리도 이렇게 벼 싹을 억지로 뽑은 적이 있지 않을까요?

만약 어떤 사람이 나의 기대에 부응하지 않아서 실망하더라도 원망하는 대신 '내가 조금 더 노력하면 된다'고 생각하고, 나의 그릇이 작았다고 여깁니다. 그런데 그렇게 완벽한 인간이 된다는 것은 애초에 불가합니다. 문제가 있는 사람은 어차피 문제가 있는 사람입니다.

그를 대놓고 증오하고 미워하라는 뜻은 아닙니다. 다만 그 사람을 미워하는 감정이 있다고 해서 그런 자신을 탓하지 않았으면 합니다. 슬픔이 있고 노여움이 있는 것은 당연합니다. 그렇기 때문에 나의 감정을 무시하거나 억누르지 말고 이를 다른 방법으로 표현하거나 또는 문제점에 대해서 상대방과 허심탄회하게 이야기할 필요가 있습니다. 내가 아무리 호연지기를 가지고 상대를 대한다고 해도 상대방이 변하지 않는다면 상처받는 사람은 나이기 때문입니다.

성인들도 마찬가지였습니다. 맹자는 백성들을 돌보지 않고 폭정을 일삼는 왕과 제후는 평범한 필부와 다름없다고 했습니다. '왕후장상의 씨가 따로 없다'는 역성혁명과 같은 말로 당시 위정자들의 모골을 송연하게 했습니다. 맹자는 호연지기를 가지고 넓은 마음과 강한 신념으로 도덕 정치를 현실에 적용하고자 했습니다. 하지만 이를 받아들이는 군주는 없었고, 그들은 오직 자신의 이익과 영달에만 관심이 있었습니다. 그럼에도 맹자는 천하 주유를 하며 이들을 설득하고 조금이나마 나은 세상을 만들기 위해서 노력했습니다. 그러한 마음가짐이 바로 호연지기일 것입니다. 그럼에도 좌절을 할 때도 있고, 변하지 않는 세태에 대한 울분도 생겼습니다.

살다 보면 뜻대로 되지 않는 일이 너무 많습니다. 그럴 때는 답답한 마음도 듭니다. 아무리 순리에 따르려고 해도 초조한 마음이 듭니다. 그렇다고 하더라도 포기해서는 안 됩니다. 포기는 벼농사를 하면서 주변에 잡초를 뽑지 않는 것과 마찬가지입니다. 다만 잡초를 뽑고 관리하면서 벼가 무럭무럭 자라도록 도와주면 됩니다. 생각만큼 빨리 안 자란다고 무리하게 잡아당기면 모든 일이 틀어집니다.

우리는 과연 어떤 억지스러운 일을 하고 있을까요? 나, 형제, 가족, 부모, 친구, 동료 등에게 나의 뜻에 맞추도록 강요는 하고 있지 않은지요? 한번은 돌아볼 때인 것 같습니다.

의를 알고 나의 힘을 알면
누구도 이길 수 있다

◆◇◆

연못을 깊게 파고 성을 높이 쌓아 백성과 함께 지켜서 목숨
을 바치더라도 만약 백성이 떠나지 않는다면 이것은 해 볼
만합니다.

鑿斯池也 築斯城也 與民守之 效死而民弗去 則是可爲也
착사지야 축사성야 여민수지 효사이민불거 즉시가위야

<양혜왕 하>

젊은 시절의 패기는 나이가 들수록 점차 사그라집니다. 점차
현실과 타협하고 새로운 도전을 주저하게 됩니다. 내가 믿는
가치를 위해서 최선을 다할 때도 있었는데 막상 기득권이 되면
서 점차 초심을 잃습니다. 가진 권력을 놓치지 않기 위해서 불
의와 타협하기도 합니다. 물론 손을 더럽히더라도 나의 영혼은

여전히 순수하다는 믿음을 가지고 있습니다. 하지만 정말로 그럴까요?

'의'라는 것을 교과서나 책에서 배웠지만 이를 막상 현실 세계에서 실천하는 사람들을 찾기란 쉽지 않습니다. 이상과 현실은 다르고, 무언가를 얻기 위해서는 타협해야 한다는 점도 알기 때문입니다. 오십의 나이에 이르면 그러한 현실을 깨닫게 됩니다. 모두가 행복하고 평등하게 사는 세상, 배부르고 등 따뜻한 세상, 이러한 세상을 꿈꾸는 것이 이제는 무모해 보이고 나의 일이 아니라고 생각합니다. 우선 나의 미래가 불투명하니 나를 구제하는 것이 우선이라고 생각합니다.

사실 의를 추구하는 삶은 그리 대단하지 않습니다. 의를 추구해야 할 일은 매일 발생합니다. 회사에서 잘못된 프로세스나 행태가 있다면 이를 개선하기 위해서 요구하는 일이 될 수 있고, 집에서는 가족이 잘못된 길에 들어서는 것을 보면 이를 말리고 조언하는 일이 될 수 있고, 사회에서는 남에게 피해를 주는 사람을 제지하는 일이 될 수 있습니다.

이때 한 가지 중요한 점이 있습니다. 나의 힘을 정확하게 인지하고 상대에게 요구를 하는 것입니다. 다윗이 골리앗을 상대하거나 계란으로 바위를 치는 것도 훌륭한 정신이지만 현실 세계에서는 어렵습니다. 그렇다면 나와 생각을 같이하는 사람들과 함께할 필요가 있습니다.

위기에 빠진 등나라 왕에게
맹자가 건넨 의로운 조언

맹자가 등문공을 만났을 때 일입니다. 등은 작은 나라여서 제나라와 초나라 사이에 끼어 풍전등화의 형국에 처했습니다. 수심에 잠긴 등문공은 맹자에게 가르침을 청했습니다.

"등나라는 작은 나라이고 제나라와 초나라 사이에 있는데 저희는 제나라를 섬겨야 할까요? 아니면 초나라를 섬겨야 할까요?"

둘 중에 하나를 골라야 하는 객관식 문제라서 답변이 곤란했을 텐데 맹자는 이렇게 답했습니다.

"이러한 계책은 제가 조언을 드릴 수 있는 영역이 아닙니다. 하지만 한 가지 방법을 말씀드리면 연못을 깊게 파고 성을 높이 쌓아 백성과 함께 지켜서 목숨을 바치더라도 만약 백성이 떠나지 않는다면, 이것은 해 볼 만합니다."

군주와 백성이 힘을 합친다면 버틸 만하다는 의미였습니다. 대신 그렇게 버티더라도 백성이 떠나지 않는다는 조건이 있었습니다. 만약 백성들이 군주의 뜻과는 다르게 함께하지 않는다면 나라는 더 이상 유지될 수 없다는 것입니다.

또한 등문공이 제나라가 등나라와 인접한 곳에 성을 쌓으려고 하는 것 때문에 두려워하며 대책 방안을 묻자 맹자는 이어서 우선 피하는 것이 상책이라고 조언했습니다. 굳이 맞서 싸

위 보아야 실익이 없고, 예전 태왕도 오랑캐가 쳐들어오자 그
곳을 떠나서 기산 기슭으로 옮겨서 살았다고 했습니다. 그리고
태왕의 후손인 주무왕이 결국 폭정을 일삼던 은나라를 멸망시
키고 중원을 통일했다고 했습니다.

맹자는 이야기했습니다.
"만일 선을 실행한다면 후세에서 반드시 왕 노릇을 하는 자
가 있을 겁니다."

약소국인 등나라가 당장 제나라와 초나라와 맞서 싸우는 것
은 불가능했습니다. 그러므로 백성들에게 선을 행하고, 성의
방어를 강화해서 버티는 수밖에 없다는 뜻이었습니다. 상대방
이 침략해도 땅을 내주면서 힘을 비축하라고 말입니다. 그럼
후손 중에 뛰어난 자가 나와서 힘의 불균형을 무너뜨리고 등나
라를 부강하게 만들 수 있다고 제안했습니다. 맹자도 확실한
대안이 없기 때문에 적어도 내부의 결속을 다지고 굴욕을 참고
견디라고 조언한 것입니다.

이 일화는 약소국인 월나라의 군주였던 월왕 구천을 떠올립
니다. 월왕 구천의 인생은 결코 순탄하지 않았습니다. 오나라
의 군주 합려의 대군에 패배하다가 간신히 승리를 취했으나 합
려의 아들 부차가 오왕이 되고 다시 월나라를 공략하면서 도움

까지 포위되고 말았습니다. 조그마한 산에서 농성을 하던 상황에 구천은 신하 범려의 충고를 받아서 항복을 택하고 부차의 노비가 되었습니다. 그는 부차의 마부 노릇을 하면서 온갖 치욕을 겪었지만 매일 쓴 쓸개를 핥아먹으면서 복수의 칼을 갈았습니다. 이것이 바로 그 유명한 '와신상담(臥薪嘗膽)'의 일화입니다.

등문공과 월왕 구천의 사례를 보면서 처신을 어떻게 해야 하는지 배웁니다. 부당하거나 옳지 못한 일, 잘못된 프로세스에 대해서 의의 마음을 가지고 조언이나 개선을 요구해야겠지만, 맹자가 말한 바와 같이 먼저 나의 힘을 정확하게 인지해야 합니다. 목에 핏대를 세우고 항의하는 것은 오히려 역효과를 낳을 수 있습니다. 인생의 지혜를 잘 활용하고 협력해서 나은 방향으로 나아갈 수 있어야 합니다.

만약 사람들을 힘들게 하는 누군가가 있다면 우선 힘든 구성원들을 다독이는 선을 행하면서 결속력을 다집니다. 그다음에는 사람들 면전에서 그에게 항의하기보다 우선 의견을 모으고, 그를 조용히 만나서 느낀 바를 솔직하게 이야기하며 타협점을 찾는 것도 방법입니다. 강한 것이 무조건 강한 것을 이기지는 못합니다. 부드러움이 강한 것을 이깁니다.

의연하게 살고 싶다면
비교하지 마라

◆◆◆

나는 나의 인을 가지고 상대할 것이고, 저들이 벼슬을 가지고
나를 상대한다면 나는 의로움을 가지고 상대할 것이니 어찌
내가 부족하겠는가?
我以吾仁 彼以其爵 我以吾義 吾何慊乎哉
아이오인 피이기작 아이오의 오하겸호재

〈공손추 하〉

나이가 들면서 많이 하게 되는 것이 바로 비교입니다. 남과
나를 비교하거나 가족을 비교하거나 자식을 비교하게 됩니다.
온라인에서 전혀 모르는 낯선 이들과도 비교를 합니다. 물론
상당 부분 과장된 모습이고 광고도 많지만 말입니다. 문제는
나의 뇌가 현실과 허구를 착각해서 비교하고 이것이 나를 불행

하게 만든다는 점입니다. 수많은 책에서 행복하기 위해서는 타인과 비교하지 말라고 충고하지만 막상 쉽지는 않습니다. 그만큼 우리는 너무 잘 연결되어 있습니다.

이제는 연결되지 않으면 불안한 포모 현상이 더 심해졌습니다. 시스템이 사람들로 하여금 관심을 끌 수 없는 상황을 만든 것입니다. 나 자신을 차단하고자 해도 다른 사람들은 다 연결되어 있어서 정보의 비대칭을 피하기 위해 어쩔 수 없이 연결을 하고는 합니다. 이 세상의 시선에 맞서서 의연하게 살기가 참 어렵게 느껴집니다.

우리는 어렸을 적부터 누군가와 비교를 당하는 것에 익숙해져 있습니다. 성인이 되어서도 마찬가지입니다. 문제는 이러한 현상이 자신에게서 끝나지 않고 가족에게도 연장된다는 점입니다. 아이들은 더 공부 잘하는 아이들과 비교가 되고, 나중에 대학을 가도, 직장 생활을 해도 역시 비교 속에 살아야 합니다. 사회가 매겨 놓은 좋은 대학에, 좋은 직장에, 좋은 배우자에, 좋은 환경에 사는 것이 모든 이들이 꿈꾸는, 또는 강요받는 것이 현실입니다. 내가 불편한 환경에 살거나 처지가 불우하면 불행하다고 여깁니다.

물론 안정적인 직장과 수입처를 갖는 것은 필요합니다. 그렇지 않다면 우리는 훨씬 더 많은 시간을 수입을 마련하기 위해서 동분서주해야 합니다.

맹자가 싫은 소리를 해도
위정자들이 맹자를 찾은 이유

맹자는 "군자는 싸우지 않지만 막상 싸우면 반드시 이기게 되어 있다"라고 했습니다. 국가를 지키는 데 하늘의 도움(천시)과 땅의 이로움(지리)보다 사람 간의 화목이 무엇보다 중요하다고 강조하고 천하의 민심을 얻는다면 가까운 지인이나 친척이 배신해도 반드시 이기게 되어 있다고 했습니다.

군자는 '환경을 나의 것'으로 만드는 사람입니다. 평소 덕을 쌓고 주변에 베풀면서 나의 아군을 만들어 둡니다. 남에게 무조건 잘해서 자기 편으로 만들라는 것은 아닙니다. 내가 믿는 도를 따르면서 주변 사람에게 덕을 베풀라는 뜻입니다. 날을 세우고 상대방을 반드시 이기려고 할수록 나의 적은 더 많아지고, 내가 어려울 때 나를 도울 사람은 줄어들게 마련입니다. 내가 어떤 마음가짐을 갖느냐에 따라서 운이 다르게 옵니다.

맹자는 평생 유세를 다니면서 왕도 정치를 주장했습니다. 비록 위정자들에게 통치의 이념으로 채택되지는 않았지만 끊임없이 설득하려고 노력했습니다. 맹자는 그렇게 듣기 좋은 소리를 하는 사람은 아니었습니다. 은유적인 표현을 하더라도 쓴소리를 대놓고 했습니다. 다른 유세가들은 왕이나 제후에게 사탕발림을 많이 했을 텐데도 말입니다.

어느 날씨 좋은 날, 양혜왕은 연못가에서 큰 기러기와 작은 기러기, 큰 사슴과 작은 사슴을 돌아보면서 말했습니다.

"현자도 이런 것을 즐깁니까?"

맹자는 바로 답변했습니다.

"현자가 된 후에야 이런 것을 즐길 수 있고, 현명하지 못한 자는 비록 이런 것을 가지고 있어도 즐기지 못합니다."

그러면서 맹자는 하고 싶은 이야기를 꺼냈습니다.

"《시경》에서는 영대를 짓기 시작해서 땅을 재고 측량하니 백성들이 와서 힘껏 일하니 며칠 안 되어 이루어졌네. 짓는 것을 서두르지 말라고 했지만, 백성들은 마치 자식처럼 오네."

이는 주나라 문왕의 사례를 일컫는 것으로 왕이 시키지 않아도 백성들이 자발적으로 와서 누대를 지었다는 것입니다. 그 누대를 영대라고 일컬었습니다. 왕은 단지 자신만 즐기는 것이 아니라 백성과 함께 즐거워하고 즐겼습니다.

맹자는 이러한 훈훈한 이야기로 매듭짓지 않고, 은나라 탕왕이 하나라의 폭군 걸왕을 멸하기 위해서 지은 내용인《탕서》를 언급했습니다. 이에 따르면 백성들은 자신을 태양으로 지칭했던 걸왕을 향해 "이 태양이 언제쯤 사라질까. 너와 함께 망하겠다"라고 탄식했다고 합니다. 만약 백성이 함께 망하고자 하면 아름다운 누대와 연못, 새와 짐승이 있다고 해도 어찌 혼자서 즐길 수 있겠냐고 일갈했습니다.

이렇게 통렬한 비판으로 마이웨이를 가는 맹자를 위정자들이 자꾸 찾은 이유는 무엇일까요? 그들이 맹자의 진심을 알고 있었기 때문입니다. 비록 말솜씨가 화려하지 않아도 국가를 부강하게 하고, 백성들의 안녕과 평화를 기원하는 진심된 마음이 군주들을 움직였습니다. 위정자들도 '요순우탕문무주공'과 같은 태평성대를 여는 뛰어난 지도자가 되고 싶었기 때문입니다.

맹자는 증자의 말을 빌려 이렇게 덧붙였습니다.
"나는 나의 인을 가지고 상대할 것이고, 저들이 벼슬을 가지고 나를 상대한다면 나는 의로움을 가지고 상대할 것이니 어찌 내가 부족하겠는가?"

상대방이 직위를 가지고 압박을 한다고 해도 나는 인과 의에 기반을 두어서 상대를 할 것이라는 말입니다.

세상을 살면서 우리는 타협을 하게 됩니다. 나이가 들수록 타협의 횟수는 더 늘어납니다. 그것을 피할 수 없습니다. 비교도 마찬가지입니다. 자꾸 나와 상대방의 능력을 비교하게 됩니다. 그럴수록 나의 실력을 쌓고 인과 의의 가치를 믿으며 실천하면서 나를 지지하는 사람들을 만들어야 합니다. 그럼 싸우지 않고도 이기는 형국을 만드는 것입니다. 끊임없이 비교하고 겉으로 기세등등한 사람보다 조용히 내실을 다지고 꾸준히 가치를 실천하는 사람이 더 강한 이유입니다.

나뭇가지는 꺾을 수 없는 것이 아니라 꺾지 않는 것이다

◆◆◆

왕 노릇을 하지 못하는 것은 하지 않는 것이고 할 수 없는 것
이 아닙니다.

王之不王　不爲也　非不能也
왕지불왕　불위야　비불능야

<양혜왕 하>

나이가 들수록 힘든 것이 변화입니다. 수십 년간의 습관과
삶의 방식에 사로잡혀 있기 때문에 새로워지기가 힘듭니다. 저
도 마찬가지였습니다. 사회생활을 하면서 눈이 빠지도록 바쁘
게 일하고, 일을 마치면 회식 자리에서 동료들과 회포를 풀었
습니다. 그때 마시는 맥주 한 잔, 소주 한 잔이 그렇게 달콤할
수가 없었습니다. 그렇게 쳇바퀴 돌듯 살면서 결혼을 하고 아

이를 낳았습니다.

그런데 어느 순간 인생의 목적과 방향에 대해서 보다 진지하게 생각하게 되었습니다. 나이가 들수록 주변 사람이 병 들거나 죽음에 직면하는 것을 목도하면서 말입니다. 또한 같은 스타트 라인에 있었던 예전 친구나 동료들이 서로 다른 길을 갈 때도 마찬가지로 생각하게 되었습니다.

마흔 이후 이러한 생각이 더 많아졌고, 어떻게 하면 나의 가치관을 올바르게 세우고 더 의미 있게 세상을 살 수 있을지 고민했습니다. 때마침 명상 센터로 3박 4일간 연수를 갔습니다. 그때 온전히 제 자신을 돌아보게 되었습니다. 휴대폰을 전혀 사용하지 않으면서 온종일 다양한 명상을 하고, 식사를 할 때도 식사 행위에만 주의를 기울였습니다.

명상 프로그램이 끝나고 집으로 돌아오는 버스 안에서 저는 결심을 했습니다. 이전과는 다르게 살겠다고요. 그래서 책을 읽고, 글을 쓰고, 일기를 다시 쓰기 시작했습니다. 그렇게 5년이 넘는 시간이 흐른 후 전보다는 덜 고민하고 갈등하면서 지내고 있습니다. 물론 스트레스를 많이 받을 때도 있지만 제 마음의 중심을 잡아 주는 것이 있습니다. 그것이 독서이고 글쓰기입니다.

저는 틈이 날 때마다 많은 분에게 독서와 글쓰기의 중요성을 강조합니다. 단순히 책만 읽지 말고 느낀 점도 SNS나 노트에 적어 두기를 권유합니다. 그러한 행위 자체가 삶을 조금씩 바꿀 수 있다고 믿고 있고, 마흔이나 오십의 미혹에서 나를 잡아주는 일이 될 것이라고 생각합니다. 그런데 많은 분이 '이미 늦었다'고 말씀하고, 다음 생애에나 가능하다고 말씀합니다.

자화자찬하는 왕에게 일침한 맹자

어느 날 제선왕이 제물로 끌려가는 소를 보고 이를 안타까워하여 제물을 소 대신 양으로 바꾸라고 했습니다. 그는 소가 벌벌 떨면서 죄 없이 죽는 것이 안타깝기 때문에 바꾸었다고 했습니다. 왕은 자신의 행동이 측은지심에 의한 것이고, 결코 재물을 아끼기 위함이 아니라고 변명했습니다. 맹자는 왕의 마음을 이해한다고 했고 왕도 이를 기쁘게 받아들였습니다. 그리고 맹자는 본론으로 들어갔습니다.

"은혜가 충분히 짐승에게 미쳤으나 왕의 공덕이 백성에 이르지 않은 것은 무슨 이유 때문입니까? 깃털 하나를 들지 못한 것은 힘을 쓰지 않았기 때문이고 수레에 실은 땔감을 볼 수 없는 것은 보려고 하지 않기 때문이며 백성들이 보호를 받지 못한 것은 은혜를 베풀지 않았기 때문입니다."

따라서 왕 노릇을 제대로 못하는 것은 결국 의지가 없기 때문이라고 말했습니다. 또한 이렇게 말했습니다.

"태산을 옆에 끼고 북해를 뛰어넘는 것을 할 수 없다고 하면 그것은 정말로 할 수 없는 것입니다. 하지만 나뭇가지를 꺾는 것을 할 수 없다고 하면 그것은 하지 않는 것이지 할 수 없는 것이 아닙니다."

슈퍼맨이 아닌 이상 바다를 뛰어넘을 수는 없습니다. 그러므로 내가 할 수 없다고 하는 것은 당연한 일입니다. 하고 싶어도 할 수 없는 일입니다. 하지만 나뭇가지를 꺾는 것은 아이들도 할 수 있는 아주 쉬운 일인데, 그조차 안 한다는 것은 애초에 꺾을 의지가 없다는 뜻입니다.

맹자는 "왕 노릇을 하지 못하는 것은 하지 않는 것이고 할 수 없는 것이 아닙니다"라고 강조했습니다. 제선왕이 백성들에게 인을 베풀지 않는 것을 보고 맹자는 다양한 비유를 들어서 그가 마음을 바꾸기를 바랐습니다. 사실 나라를 통치하는 방법은 의외로 간단합니다. 맹자가 말한 바와 같이 "군주가 인하면 인하지 않은 사람이 없고 군주가 의로우면 의롭지 않은 사람이 없다"라는 것입니다. "윗물이 맑으면 아랫물도 맑다"라는 속담이 정확히 들어맞습니다.

인과 의를 너무 거창하게 생각할 필요는 없습니다. 나는 인과 의를 갖춘 사람에 해당되지 않고, 인과 의를 갖추기에 아직 시간이 있다고 생각합니다. 하지만 실상은 그렇지 않습니다. 우리에게 주어진 시간은 그리 많지 않습니다. 내가 제대로 마음먹고 실행으로 옮기려면 많은 시간과 노력이 필요합니다.

꼭 인과 의가 아니라 좋은 습관도 마찬가지입니다. 이를 나의 몸과 마음에 체득하기 위해서는 오랜 시간이 걸립니다. 제가 독서와 일기 쓰는 습관을 들이는 데 수년의 시간이 걸린 것처럼 말입니다. 하지만 온갖 핑곗거리 찾으며 이를 미루다 보면 종국에는 이룰 수 없게 됩니다. 그것은 나뭇가지를 꺾지 않는 것과 마찬가지입니다. 할 수 없는 것이 아니라 하지 않는 것입니다.

지금 내가 하지 않는다면 죽을 때까지 할 수 없습니다. 지금부터라도 나의 마음을 돌아보면 어떨까요? 나를 안타까워하고 사랑하고, 다른 사람을 존중하고 진심을 다해 대하는 인, 부끄럽지 않은 행동을 하려는 의는 내일이나 미래가 아니라 바로 실천할 수 있는 일입니다.

내가 남에게 이익만 찾으면
남도 나에게 이익만 찾는다

◆◆◆

왕께서는 다만 인과 의를 말씀하실 뿐이지 왜 하필 이익을
말씀하십니까?
王何必曰利 亦有仁義而已矣
왕하필왈리 역유인의이이의

〈양혜왕 상〉

우리는 잊을 만하면 유명한 사업가, 연예인이나 예술가 등이
사기를 당해서 수억 원에서 수십억 원의 돈을 잃는 이야기를
접합니다. 안타까운 마음도 들지만 어차피 나와는 상관이 없다
고 생각하고 곧잘 잊습니다. 이러한 기사들이 가끔씩 뜨는 것
은 기자가 조회수를 높이려는 의도도 있겠지만 어쨌든 많은 이
에게 다시 한번 경각심을 울리기 위함일 것입니다.

살다 보면 주변에서 여러 가지 부탁을 받게 됩니다. 편의를 봐 달라는 부탁부터 시작해 금전 부탁까지 다양합니다. 만약 내가 감당할 수 있다면 도움을 줄 수 있겠지만 그렇지 못하다면 거절할 수밖에 없습니다. 다만 이렇게 도움을 주었는데도 나중에 감사하다는 말을 받기는커녕 연락이 끊기는 경우도 다반사입니다.

연륜이 쌓이다 보면 그러한 사람들을 비교적 쉽게 구분할 수 있습니다. 나와 대화를 나눌 때나 연락을 할 때 머릿속에서 계산기를 두드리는 것이 들릴 정도입니다. 주변에 유독 상대방을 이용하고 이득을 취하려는 사람이 가득할 때는 다시 한번 나 자신을 돌아볼 일입니다. 과연 나는 어떤가요? 나도 마찬가지로 상대방을 통해서 이득을 얻고자 관계를 유지하는 것은 아닐까요?

사실 우리가 직장을 다니고 사업을 하는 목적은 당연히 이윤 추구입니다. 그래야 좋은 집에 살고, 좋은 자동차와 맛있는 음식도 마음껏 먹을 수 있기 때문입니다. 하지만 오직 이윤 추구만 목적이 된다면 어떨까요? 사람을 대할 때도 그 사람이 나에게 이득이 되는지 따지게 되고, 직장에서도 어떤 일을 맡을 때 이 일이 우선 나에게 득이 되는지 먼저 생각하게 됩니다. 결국 다른 이들도 그것을 눈치채게 됩니다.

마음이 급해도
빠른 답만 찾지 마라

《맹자》의 첫 번째 장에 등장하는 위나라의 양혜왕이 바로 그 랬습니다. 혜왕은 초조한 마음이 들었습니다. 할아버지 때와 같이 강력한 위나라를 세우고 싶었습니다. 맹자를 보자 왕은 다짜고짜 이러한 질문을 했습니다.

"노인장께서 천 리 길을 멀다 하지 않고 오셨으니 우리나라 를 이롭게 해 주실 방책이 있는지요?"

맹자는 처음에 양혜왕의 그릇을 간보려고 했으나 그가 바로 본색을 드러내자 실망했습니다. 그리고 이렇게 답변했습니다.

"왕께서는 어이하여 이익을 말씀하시는 겁니까? 다만 인과 의만 있을 뿐입니다."

그러면서 맹자는 신랄하게 비판을 쏟아 냈습니다.

"윗사람과 아랫사람이 모두 이익만 취한다면 나라를 위태롭 게 둘 수밖에 없습니다. 만 대의 수레를 가진 군주를 시행하는 자는 반드시 천 대의 수레를 가진 자이고, 천 대의 수레를 가진 나라의 군주를 시해하는 자는 바로 백 대의 수레를 가진 자입 니다."

즉 윗사람이 이익을 취하려고 한다면 그 윗사람을 해할 사람 은 바로 아랫사람이라는 뜻입니다. 이와 비슷한 사례가 《논어》 〈위령공〉에도 나옵니다. 앞서 이야기한 위나라와 다른 위(衛)

나라의 군주인 영공에 대한 이야기입니다.

어느 날 영공이 공자에게 진법에 대해서 물었습니다. 공자는 짐짓 태연하게 대답했습니다.

"신은 제사에 대한 예의는 경험하고 들어 본 적이 있지만 군대에 관한 일은 배운 적이 없습니다."

다음 날 공자는 말없이 짐을 꾸려서 위나라를 떠났습니다. 위영공도 양혜왕과 마찬가지로 국가의 이익만 우선하면서 군대를 강화할 방법을 물었던 것입니다. 하지만 공자에게 이러한 방법은 단기적인 해결책에 불과하고, 결국 인과 예에 기반한 정치를 펼쳐야 비로소 나라가 부강해진다고 믿었습니다.

우리 사회에서도 마찬가지입니다. 내가 오직 이익을 취하는 사람이라면 내 주변에는 그런 사람들로 가득 찰 것입니다. 그리고 언젠가는 배반이나 배신을 당할 수도 있습니다. 왜냐하면 그 사람들은 이익을 위해서 배신하는 것은 정당하다고 생각할 것이기 때문입니다.

그렇다면 과연 우리는 어떻게 해야 할까요? 더군다나 오십에 이르면 온갖 배신과 배반을 당하거나 또는 누군가의 기대를 배신하는 데 익숙해집니다. 그것이 나뿐만 아니라 가족의 이익을 위한 행동이라고 정당화할 것입니다. 그런데 그런 삶의 자세를 견지한다면 나를 바라보는 가족이나 후배들은 어떻게 생각할까요? 귀감이 되어야 할 어른이 이익만을 추구한다면 세상은 또 어떻게 될까요? 결코 쉽지 않은 질문이지만 자신에게 한 번쯤은 던져야 할 화두입니다. 앞으로 남은 생애를 어떻게 살지에 대한 답을 찾기 위함입니다.

무엇이든 일정하게 하면
몸도 마음도 변하지 않는다

―――――――――❖❖❖――――――――――

살지고 단 음식이 부족해서입니까? 가볍고 따뜻한 옷이 부족해서입니까? 아름다운 채색이 눈으로 보기에 부족해서입니까? 아름다운 음악이 듣기에 부족해서입니까?

爲肥甘不足於口與 輕煖不足於體與 抑爲采色不足視於目與 聲音不足聽於耳與

위비감부족어구여 경난부족어체여 억위채색부족시어목여 성음부족청어이여

〈양혜왕 상〉

장수 국가인 일본에서 화제가 된 할머니가 있습니다. 나이는 94세인데 몸 건강은 36세라고 했습니다. 심지어 혈관 연령은 20세였습니다. 무려 60년의 세월을 돌린 놀라운 분입니다. 보

건소에서도 기계 오작동을 의심하며 수차례 측정을 했다고 합니다. 건강의 비결을 다들 궁금해했습니다.

예상대로 규칙적인 생활을 하고 몸에 좋은 음식을 먹는 것이었습니다. 매일 아침 6시에 기상해서 침구 정리를 하고 아침 식사를 준비한 후 '라디오 체조'를 합니다. 천천히 시간을 들여 아침 식사를 하면서 아침 드라마를 챙겨 봅니다. 식사로는 밥과 국, 생선, 고기, 낫토를 먹습니다. 9시 반부터는 인형을 만들고 집안 정리를 합니다. 잠은 밤 11시에 자고 10시쯤 목욕을 하며 물속에서 발차기를 500회 정도 한다고 말합니다.

매일 집 청소를 하고 발차기를 하고 주변을 산책하고 계단을 이용하는 꾸준한 생활 운동을 하고, 잡지를 구독해 독서하고, 88세부터 시작한 기모노 리폼이라는 새로운 도전을 하고, 마지막으로 '나는 죽어도 고독사가 아니다'라는 긍정적 태도로 사는 것이 중요한 역할을 했습니다.

이 중에서 과연 나에게는 몇 가지나 해당될지 생각해 볼 일입니다. 저도 되도록 규칙적인 생활을 하고, 하루에 6,000보에서 8,000보를 걷고자 하고, 취침 시간도 일정하게 유지하는 편입니다. 배움에 대한 호기심도 있고, 영어, 중국어, 일본어도 꾸준하게 공부하고, 피아노도 계속 배우고 있습니다. 꼭 오래 살려는 것은 아니지만, 이러한 습관들이 삶을 풍족하게 만들어 주기 때문입니다.

욕심이 과하면
나무에 올라가서 낚시를 한다

맹자는 양혜왕만큼 야심이 큰 제나라의 선왕을 만나서 백성들을 소중하게 여기고 무모한 전쟁은 피하라고 충고했습니다. 이때 맹자는 일침을 가했습니다.

"살지고 단 음식이 부족해서입니까? 가볍고 따뜻한 옷이 부족해서입니까? 아름다운 채색이 눈으로 보기에 부족해서입니까? 아름다운 음악이 듣기에 부족해서입니까?"

그는 제선왕의 욕심이 끝이 없다고 경고한 것입니다. 그러면서 이러한 질문을 던졌습니다.

"왕께서 앞으로 크게 하고 싶은 일을 들을 수 있겠습니까?"

제선왕이 대답을 피하자 맹자는 그의 진정한 의도를 짐작하고 이렇게 말했습니다.

"왕께서는 영토를 넓히고 진나라와 초나라에 조회를 받고 중원에 군림해서 사방의 오랑캐들을 두루 다스리는 것을 하고 싶을 겁니다. 하지만 그것은 마치 나무에 올라가서 물고기를 구하는 것과 마찬가지입니다."

여기에서 그 유명한 사자성어 '연목구어(緣木求魚)'가 나옵니다. 나무에 올라가서 물고기를 구하는 것은 불가능한 일이라는 뜻입니다. 왕은 짐짓 놀라면 다시 질문했습니다.

"그것이 그렇게 심합니까?"

그러자 맹자는 한술 더 떠서 이렇게 말했습니다.

"아마 이보다 더 심할 겁니다. 나무에 올라가 물고기를 구하지 못해도 재앙은 없지만, 하고 싶은 것(주변국에 대한 정벌)을 추구한다면 마음과 힘을 다 써도 반드시 재앙이 있을 것입니다."

이후 맹자는 지극히 현실적인 대안을 제시했습니다.

"제나라를 부강하기 만들기 위해서는 백성들의 생업을 마련해 주어야 하고, 이러한 선정을 베풀면 주변국에서 뛰어난 인재들이 벼슬을 하기 위해서 찾아올 것이고, 장사꾼들도 왕의 시장에서 장사를 할 것이고, 여행자도 왕의 길을 다니고자 할 것입니다. 심지어 군주를 미워하는 다른 나라의 사람들이 찾아와서 하소연을 하니 왕에게 전쟁에 대한 대의명분도 제시할 것입니다."

여기에서 맹자의 사상에서 중요한 '항산(恒産)'과 '항심(恒心)'이 등장합니다. 항산은 '꾸준한 생업'을 뜻하고 항심은 '일정한 도덕심'을 일컫습니다. 생업을 꾸준하게 유지해야 백성들도 선한 마음을 가지고 왕에게 복종하고, 나라를 안정시키는 데 기여한다는 의미입니다.

맹자는 왕에게 실력도 되지 않으면서 이웃 국가를 정벌하려는 무모한 짓을 벌이기보다는 백성들을 위한 정치를 하라고 주문했습니다. 그렇게만 한다면 자연스럽게 제나라는 부강해지고, 주변국의 백성들도 제나라로 이주할 것이고, 이렇게 인적·물적 자원을 확보한다면 주변국들은 왕에게 복종할 것이라는 의미였습니다. 하지만 제선왕은 맹자의 조언을 따르지 않고 무리하게 정복 전쟁을 벌였습니다. 나중에 제나라의 국력은 급격하게 쇠퇴합니다.

먹고 마시는 재미를 무시할 수는 없습니다. 그것은 인간의 자연스러운 본능입니다. 저도 맛있는 음식을 먹을 때, 개인적으로 좋아하는 와인이나 맥주를 마실 때 행복합니다. 다만 그 정도가 지나치지 않으려고 합니다. 하루에 한 끼는 샐러드를 먹고, 회식을 하면 9시를 넘기지 않습니다. 과음을 하면 반성하며 다시 운동을 하고 절주를 합니다.

욕심도 마찬가지입니다. 높은 지위에 오르거나 재산을 모으고 싶은 것은 욕구입니다. 다만 그것이 과해서 욕망이 되면 문제입니다. '돈의 노예'가 되는 것입니다. 돈을 모으는 것 자체에 희열을 느끼면서 욕심이 과해집니다. 남이 부자가 되는 것은 보고 싶지 않고, 나는 모든 수단을 동원해서 돈을 모으고자 합니다. 하지만 그러다가 인생의 말미에 이르러 허무함을 느끼게 됩니다. 주변의 갑작스러운 죽음을 보거나 나의 건강이 갑자기 악화된다면 더욱 그렇습니다.

나의 생계를 유지하는 적당한 항산은 필요하지만, 무엇보다 어떠한 상황에서도 최적의 마음 상태를 유지하는 마음인 항심이 필요한 이유입니다. 그 안에서 우리는 인생의 진정한 가치를 찾을 수 있습니다.

남을 돕는 것이
나를 돕는 것이다

─────────◈◈◈─────────

도를 얻은 사람은 도와주는 사람이 많고 도를 잃어버린 사람
은 도와주는 사람이 적다.
得道者多助 失道者寡助
득도자다조 실도자과조

<공손추 하>

누구나 인생에서 가장 크게 주목을 받는 전성기를 경험할 때
가 있습니다. 보통 가장 바쁜 30대, 40대입니다. 이때는 주변을
돌아볼 여유가 없을 만큼 나도 모르게 자만하고 자신감에 가득
찹니다. 그 시간이 지나면 달이 기울 듯 자신의 인생도 초승달
처럼 된다는 것을 느낍니다. 치열하게 살며 받았던 스포트라이
트가 전부가 아님을 알게 되기 때문입니다. 시간이 흐르면 내

중심으로 돌아가는 것 같았던 일도 사람도 사라짐을 깨닫습니다. 새로운 세대에게 바통을 넘겨주어야 합니다. 그러면서 내가 남은 인생을 위해서 무엇을 해야 할지 생각하게 됩니다.

저는 그 시점이 빠르게는 마흔부터 늦어도 오십부터라고 생각합니다. 그렇기 때문에 내가 진정으로, 지속적으로 무엇을 추구해야 하는지 고민이 필요합니다. 저는 그 가운데 의가 있다고 생각합니다. 제가 글을 쓰는 이유도 깨달은 바를 같이 나누려는 목적이 큽니다. 투자한 시간의 경제적인 실익을 따지기보다는 이러한 행동이 플라이휠 효과를 발휘해서 사회에 더 큰 영향을 미치길 바라는 마음도 있습니다. 제 책을 읽은 독자 분들이 블로그나 SNS에 올린 후기를 읽으면 그동안 시간을 귀중하게 잘 썼다는 생각을 하게 됩니다.

사실 우리는 의라는 것을 너무 거창하게 생각합니다. 나라를 위해서 목숨을 바친 열사나 의사가 지키는 신념이라고 생각합니다. 하지만 우리가 꼭 대의만 추구하고 살 수는 없습니다. 일상에서는 훨씬 더 작은 일들을 마주합니다. 우리는 그때마다 선택의 순간에 직면합니다. '무엇이 옳고 그른지'에 대해서 말입니다. 이때 우리의 판단을 도와주는 것은 과연 무엇일까요?

하늘의 때와 땅의 운도 사람 하기에 달려 있다

맹자가 말했습니다.

"하늘의 때가 땅의 유리함에 미치지 못하고, 땅의 유리함은 사람의 화목에 미치지 못한다."

맹자는 이러한 이유를 두고 비록 3리의 작은 성과 7리의 작은 성곽을 에워싸도 공격해서 이기지 못하는 경우가 있는데 이 때는 하늘의 유리함을 얻었지만 땅의 유리함을 이기지 못했기 때문이라고 했습니다. 또한 성이 높고, 연못이 깊고, 병기와 갑옷이 견고하고 날카롭고, 식량이 충분해도 버리고 달아나는 것은 땅의 유리함이 사람의 화목에 미치지 못했기 때문이라고 강조했습니다.

심지어 맹자는 국경과 산과 강의 험난함이 나라를 지키는 지름길이 아니라고 말했습니다. 결국 그 안에 군주와 백성 간의 '화목함'이 중요하다는 것입니다. "도를 얻은 사람은 도와주는 사람이 많고 도를 잃어버린 사람은 도와주는 사람이 적다"라고 강조한 것도 바로 이러한 이유 때문입니다.

소설 《삼국지》의 중요한 인물인 유비의 예를 들어 보겠습니다. 유비는 먼 황실의 후손이었지만 특유의 카리스마와 '형님 리더십'을 통해서 자신의 기반을 다져 갔습니다. 적벽대전 이후에는 형주의 남쪽을 차지하면서 근거지를 마련했습니다. 심지어 유장이 통치하던 서쪽의 익주까지 점령하면서 그는 무시할 수 없는 세력으로 성장했습니다. 이윽고 유비는 남쪽에 자리 잡은 관우와 함께 조조의 세력을 에워싸는 전략을 취했습니다. 관우가 조조군을 공격하면서 무섭게 북진하자 조조는 두려움을 느껴서 허도를 북쪽으로 천도할 것을 고민하기도 했습니다. 비록 관우는 손권이 배반하여 배후에서 습격해 죽임당했지만 말입니다.

하지만 그 시발점은 외부가 아닌 내부에서 시작된 분열이었습니다. 관우가 동맹국인 손권과의 유대 관계를 확실히 하지 않고, 오히려 사돈 관계를 맺으려는 손권에게 "호랑이 새끼를 개의 새끼에게 보낼 수 없다"라고 모욕함으로써 분란의 씨앗을 키웠습니다.

유비의 아들 유선도 비슷한 전철을 밟았습니다. 당시 촉나라는 서쪽의 험준한 지형에 위치해 있어서 웬만한 희생 없이는 정벌하기 어려웠던 곳이었습니다. 임금과 백성이 일심동체가 된다면 더더욱 난공불락의 요새가 될 것입니다. 하지만 황제 유선은 환관 황호에 미혹되어서 정치적 판단을 올바르게 하지 못했습니다. 군주와 신하의 지향점이 다르니 내분이 일어나서 국력을 한군데로 모으지 못했습니다. 그가 신하들과 더 활발하게 소통하고 믿음을 주었다면 촉나라의 수명은 더 오래갈 수도 있었습니다.

우리가 살면서 의를 추구해야 하는 이유는 간단합니다. 세상은 나 혼자 사는 곳이 아니기 때문입니다. 사람과 사람의 어울림으로 이 세상이 지탱하고 성장합니다. 무엇을 부끄러워하고 미워할지에 대한 수오지심이 필요한 이유입니다. 나이 오십에 이르면 수오지심을 통해서 나를 한번 바라보아야 합니다. 나의 마음과 행동에 대해서 무엇을 진정으로 부끄러워하고 미워할지, 나와 가족, 회사, 동호회, 지역 사회에 무엇을 기여할지 생각해 볼 일입니다.

의를 추구하는 길은 외롭지 않습니다. 맹자가 강조한 "도를 얻은 사람에게 도와주는 사람이 많고 그렇지 못한 사람에게 도와주는 사람이 적다"는 말의 의미를 되새겨 보시지요. 그는 도와주는 사람이 적으면 친척도 배신하지만 도와주는 사람이 많으면 천하가 그에게 순종하고 도움을 줄 것이라고 했습니다.

내가 베푼 덕은 어떤 식으로든 돌아오게 되어 있습니다. 아이에게 베푼 덕은 아이가 바른 아이로 성장하도록 만들 것이고, 회사에서 동료나 후배에게 베푼 덕은 다른 이들에게 도움을 줄 뿐만 아니라 회사의 안녕과 발전에 도움을 줄 것이고, 각종 모임에서 베푼 덕은 모임에 참여한 다른 이들에게 도움을 줄 것입니다. 이러한 따뜻한 온기가 사회 전반적으로 확산될 것입니다.

대우받고 싶으면
책임질 줄도 알아야 한다

❖❖❖

사방의 나라 국경이 제대로 다스려지지 않으면 어떻게 하시
겠습니까?

四境之內不治 則如之何

사경지내불치 즉여지하

<양혜왕 하>

나이가 들면 사람들이 기대하는 것이 있습니다. 바로 다른
사람들로부터 존중을 받는 것입니다. 거친 세상을 헤치고 살아
남아서 여전히 자신의 인생을 잘 살고 있다는 것 하나만으로도
존경을 받을 만하다고 생각합니다.

하지만 존경받고 대우받고 싶다면 책임도 져야 합니다. 어른
으로서 마땅히 모범이 되는 행동을 해야 합니다. 나이와 상관

없이 상대방을 존중하는 태도도 필요합니다. 또한 수많은 유혹을 이겨 내는 자세도 있어야 합니다. 하지만 막상 오십이라는 나이에 자신의 모습을 유지하기란 참 어렵습니다. 20대, 30대의 청년기를 지나고 나서 마흔에 이르면 온갖 유혹이 찾아옵니다. 부와 권력뿐만 아니라 나 자신을 속이게 되는 이익 등 다양합니다. 특히 책임자의 자리에 앉게 되면 더욱 그럴 겁니다. '당근과 채찍'을 갖게 됩니다. 그렇기 때문에 초심을 잃지 않고 온전히 잘 보내는 것이 중요합니다.

남 탓하기가 쉬우면
책임 지우기는 더 쉽다

맹자의 어릴 적 일화 중 '맹모삼천지교'와 더불어 유명한 '맹모단기지교(孟母斷機之敎)' 이야기가 있습니다.

맹자는 어머니의 기대에 부응하기 위해서 불철주야 학문에 매진했습니다. 하지만 오랫동안 집을 떠나 있다 보니 고향이 그리워졌습니다. 어머니가 해 준 맛있는 음식을 먹고 다시 기운을 차리고 싶었습니다. 그는 기별도 없이 갑자기 고향 집을 찾았습니다. 분명 어머니는 기뻐하실 거라고 생각했는데 막상 맹자를 본 어머니는 이렇게 말했습니다.

"네가 어인 일로 갑자기 집에 돌아온 것이냐? 학문은 다 마친 것이냐?"

"아직 다 마치지 못했지만, 잠시 쉬고 다시 열심히 공부하겠습니다."

그러자 어머니는 짜고 있던 베틀의 날실을 싹둑 잘랐습니다. 그만큼 베를 짜기 위해서 어머니는 밤낮으로 고생했을 텐데 순식간에 물거품으로 만든 것입니다. 그러자 맹자는 소스라치게 놀랐습니다.

"어머니, 왜 갑자기 베틀의 실을 자르셨나요?"

"네가 학문을 중도에 포기하는 것은 마치 내가 지금 짜고 있던 베의 실을 끊는 것과 마찬가지다."

추상 같은 어머니의 말에 맹자는 큰 깨달음을 얻고 다시 스승에게 돌아가서 학문에 정진했다고 합니다.

맹자는 누구보다 강한 의지를 가지고 학문에 몰두해서 수많은 제자를 양성했습니다. 마흔에는 천하를 주유하면서 자신의 왕도 정치 사상을 알리고자 고군분투했습니다. 그가 40대에 부동심, 즉 부와 권력의 유혹에 흔들리지 않았다고 말한 것은 스스로에 대한 칭찬이었을 것입니다. 공교롭게 공자도 마흔에 불혹, 즉 미혹되지 않았다고 했습니다. 그만큼 맹자는 공자를 정신적인 스승으로 여긴 것 같습니다.

맹자는 말했습니다.

"군자가 끼친 은혜가 아무리 크다고 해도 다섯 세대가 지나면 끊기고, 소인이 끼친 영향도 다섯 세대가 지나가면 끊어지는 법이다. 나는 직접 공자의 제자가 되어 가르침을 받지는 못했으나 여러 사람을 통해 공자의 도에 관해 들었다. 나는 공자를 사숙했다."

공자 사후 약 100년, 맹자의 인생도 신기할 정도로 공자의 삶과 겹칩니다. 다만 맹자는 제자백가의 전성시대에 있었기 때문에 공자보다 학자로서 더 많은 존중을 받았습니다. 나라도 춘추 시대보다 더 줄어들고, 통일의 기운이 무르익은 전국 시대였습니다. 더 많은 사상가를 영입하기 위한 제후들의 경쟁으로 맹자의 몸값은 올라갔습니다.

하지만 그가 아무리 백성을 위한 정치, 그리고 현실적인 정치안을 내놓아도 군주들은 이를 실행에 옮길 생각이 별로 없었습니다. 여전히 전쟁을 벌이면서 조금이라도 더 많은 영토를 확보하기에 혈안이었습니다.

어느 날 맹자는 제선왕과 이러한 대화를 합니다.

"왕의 신하가 아내와 자식을 친구에게 맡기고 나서 초나라를 유람했는데, 돌아와서 보니 아내와 자식이 얼리고 굶주렸다면 어떻게 하시겠습니까?"

"친구를 버릴 것입니다."

그러자 맹자는 슬슬 본론으로 들어갔습니다.

"법을 집행하는 신하가 선비들을 잘 다스리지 못하면 어떻게 하시겠습니까?"

"그를 그만두도록 할 것입니다."

마지막으로 맹자는 하고 싶은 이야기를 꺼냈습니다.

"만약 사방의 국경이 제대로 다스려지지 않으면 어떻게 하시겠습니까?"

그러자 제선왕은 주변을 돌아보며 다른 이야기를 했습니다. 이 일화를 보면서 맹자의 촌철살인에 감탄하는 한편 그렇게 쓴소리를 해도 변하지 않는 군주를 보면서 안타까운 마음을 가졌을 맹자를 상상해 봅니다.

사람들에게는 자신이 맡은 지위와 위치가 있습니다. 그 자리는 그냥 주어진 것이 아닙니다. 꼭 회사가 아니라 사회에서 어느 지위에 있든 마찬가지입니다. 맹자는 처음에는 친구의 책임, 두 번째는 법을 담당하는 신하의 책임, 그리고 마지막으로 군주의 책임을 강조했습니다. 이 일화는 우리의 책임에 대해서 생각하게 만듭니다. 조직의 미래를 위해서 구성원들을 독려하고, 목표를 위해서 나아가는 것은 필요합니다. 하지만 나에게 주어진 당근과 채찍에 현혹되어서 나보다 낮은 위치에 있거나 약한 사람을 권력으로 누르고 핍박하는 일은 절대로 있어서는 안 됩니다. 비단 정치인뿐만 아니라 학자, 사업가, 회사원도 마찬가지입니다.

크게는 지역 사회, 작게는 작은 모임과 가정의 발전을 위해서 노력했는데 결과가 좋지 않다면 책임을 지는 자세가 필요합니다. 다른 사람의 잘못으로 미루는 것은 바람직한 자세가 아닐 것입니다. 가정에서는 아이가 원하는 길로 가지 않았다고 서로를 원망하기보다는 부부가 공동으로 책임을 지는 마음도 필요합니다.

서로가 책임을 회피하고 상대방에게 책임을 미룬다면 가정과 사회는 결코 건전하게 성장할 수 없습니다. 오십이라는 나이에 이르면 더욱 그러한 책임을 외면할 수 없습니다. 결과에 책임을 질 때 어른으로서 존중받을 수 있을 것입니다.

좌우명이 있어야
흔들리지 않는다

———————————◆◆◆———————————

죄를 짓지 않았음에도 선비를 죽인다면 대부가 나라를 떠날
것이고, 죄를 짓지 않음에도 백성을 죽인다면 선비가 다른
곳으로 떠날 것이니라.

無罪而殺士 則大夫可以去 無罪而戮民 則士可以徙
무죄이살사 즉대부가이거 무죄이륙민 즉사가이사

〈이루 하〉

경청의 중요성은 아무리 강조해도 지나치지 않습니다. 나이
가 들수록 내 이야기만 하기 십상이라 입을 다물고 상대방의
말에 귀 기울이는 자세가 필요합니다. 다만 주의할 것이 있습
니다. 너무 경청하고 다른 사람의 의견을 좇다 보면 줏대가 없
는 사람이 될 수 있습니다. 잘 듣는 것도 중요하지만 나의 의견

과 다르다면 거기에 대한 근거를 제시하고 설득하는 자세도 필요합니다.

나이 오십이 되기까지 세상의 온갖 풍파를 겪다 보면 나름대로 삶의 원칙이 생깁니다. 예를 들어서 '무모한 투자는 하지 않는다', '자산의 몇 퍼센트만 위험 자산에 투자한다', '일주일에 몇 번은 운동을 한다', '가까운 이에게 선불리 돈을 빌려주지 않는다', '불필요한 인간관계에 돈과 시간을 쓰지 않는다' 등 다양할 것입니다.

저도 나름대로 원칙이 있습니다. '어떤 일을 하든지 최선을 다하자', '보고서나 글에는 진심을 다하자', '받기보다는 더 많이 베풀자' 등입니다. 세상을 살다 보니 잔머리를 굴리기보다는 진심을 다하는 것이 궁극적으로 나를 위한 것이라고 깨달았습니다. 그래서 사람들을 만나면 제가 무엇을 더 해 줄 수 있을지 고민합니다. 물론 아무에게나 무작정 퍼주는 것은 아닙니다. 제가 배울 만하고 좋은 에너지를 받을 수 있는 분들에 한해서입니다. 반면 부정적인 에너지를 뿜어 대는 분들은 되도록 피합니다.

나만의 원칙을 가지고 살아야 수많은 유혹과 고난에서 나를 구원할 수 있습니다. 좌우명의 뜻을 아시는지요? 한자로 座右銘입니다. 좌측, 우측이 아니라 자리의 오른쪽에 평생 지침이 될 좋을 글을 새겨 놓고 나의 거울로 삼는다는 뜻입니다. 서양에서는 라틴어의 '말'에서 기원한 모토(motto)를 사용합니다.

원칙을 지키지 않으면
자신도 타인도 나라도 망친다

맹자는 위정자가 지켜야 할 원칙에 대해서 다음과 같이 말했습니다.

"죄를 짓지 않았음에도 선비를 죽인다면 대부가 나라를 떠나게 될 것이다."

이는 군주가 원칙 없이 자신의 기분에 따라서 선비를 죽인다면 높은 관료인 대부들이 나라를 떠날 것이라는 내용입니다.

또한 이렇게 이야기했습니다.

"죄를 짓지 않음에도 백성을 죽인다면 선비가 다른 곳으로 떠날 것이다."

선비를 죽이는 것뿐만 아니라 일반 백성을 자기 마음대로 죽이면 선비가 떠난다는 내용입니다.

맹자는 여기에 대한 대안을 이야기했습니다.

"주변 신하들이 모두 그를 현명하다고 해도 현명한 점을 알아낸 뒤에 등용해야 하고, 주변 신하들이 모두 안 된다고 해도 살펴보아서 안 되는 점을 알아낸 뒤에 그만두게 해야 한다. 마지막으로 주변의 신하들이 모두 죽일 수 있다고 해도 살펴보아서 죽일 만한 점을 알아낸 뒤에 죽여야 한다."

그렇게 해야 백성들이 군주가 임의대로 사람을 죽인 것이 아니라 생명을 소중하게 여긴다고 인식하고 군주가 비로소 '백성의 부모'가 될 수 있다고 말했습니다.

사실 나라의 관리, 백성들이 군주에게 바라는 내용은 단순합니다. 의에 입각한 원칙을 세우고 그 원칙을 군주가 따르라는 것입니다. 너무나 단순하면서 또한 너무나 지키기 어렵습니다. 특히 권력을 쥔 사람이 있으면 분명히 권력을 함부로 사용하도록 옆에서 부추기는 사람도 있습니다. 그러한 사람들을 간신배라고 하지요.

모든 왕조의 끝에는 군주가 자신의 원칙을 제대로 지키지 않아서 무너진 경우가 허다합니다. 중국 고대의 첫 번째 왕조 하나라를 예로 들어 보겠습니다. 하나라는 기원전 2070년경부터 기원전 1600년경까지 존재했던 전설의 국가입니다. 요순 시대의 요순의 뒤를 이은 우임금이 시조입니다. 우임금은 황하 유역의 치수 사업에 자신의 모든 것을 걸고, 백성들의 평화와 안녕을 위해서 최선을 다했습니다. 그러면서 세습제로 천하를 통치했는데 제17대 마지막 왕인 걸왕이 폭정을 일삼아 하나라는 멸망하고 은나라가 세워졌습니다. 걸왕은 금은보화와 미녀를 모으고 아내 말희와 호화로운 삶을 즐겼습니다. 그 유명한 '주지육림(酒池肉林)'도 걸왕의 일화에서 탄생했습니다. 술로 연못을 채우고 고기로 숲을 가득 채웠다고 하니 상상이 가지 않을 정도로 횡포를 부렸던 모양입니다.

오죽하면 백성들은 왕이 사라지기를 기원하면서 노래까지 만들었을까요? 비단 걸왕뿐만 아니라 이후 은나라의 마지막 왕인 주왕도 걸왕과 더불어서 폭군의 대명사가 되었습니다. 이들을 묶어서 걸주(걸왕과 주왕)라고도 부릅니다. 맹자는 이 둘을 극도로 혐오했고, 의를 해친 자를 '잔', 인을 해친 자를 '적'이라고 부르면서 이들을 제거하는 것은 군주가 아니라 잔인한 필부를 없앤 것이라고 강하게 주장했습니다.

나이 오십이 되어서도 여전히 내가 지키는 원칙이 없다면 다시 한번 생각해 보시지요. 내가 평생 들고 갈 화두와 좌우명은 무엇일까요? 어떤 방송인은 마부작침(磨斧作針), '도끼를 갈아서 바늘을 만든다'는 뜻을 좌우명으로 삼고 아무리 힘들고 어려운 일이 있어도 끈기 있게 노력한다고 했습니다. 저도 중용(中庸)을 책상 위에 써 놓고 늘 염두에 두려고 합니다. 중간을 한다는 것이 아니라 주어진 조건에서 최선을 다하겠다는 각오입니다.

공자는 유혹에 미혹되지 않는다는 '불혹', 맹자는 그 어떤 것에도 흔들리지 않는 마음 '부동심'을 이야기했습니다. 물론 우리가 공자나 맹자처럼 흔들리지 않는 마음을 가지고 살기란 힘들 것입니다. 하지만 흔들리더라도, 실수하더라도, 다시 마음의 중심을 잡는 태도가 필요합니다. 그것은 노력을 통해서 충분히 이룰 수 있습니다.

여러분은 어떤가요? 나만의 좌우명, 원칙을 가지고 사시는지요? 만약 없다면 한 가지라도 정해서 매일 아침 읽고 마음에 새기기를 바랍니다. 계속 되뇌다 보면 그것이 나의 몸과 마음에 자연스럽게 체득될 것이고, 힘든 상황이나 결정을 내릴 때도 그러한 말과 글이 나에게 큰 힘을 줄 것입니다. 특히 좋은 글을 아침에 쓰거나 낭독을 하면 더욱 좋은 기운을 받습니다. 삶에 대한 태도도 점차 바뀝니다.

척하면
우스워진다

❖❖❖

중자 같은 사람은 지렁이가 된 뒤에 그 지조를 만족할 수 있
을 것이다.

仲子之操 則蚓而後可者也

중자지조 즉인이후가자야

<등문공 하>

정치인이나 공직자의 청문회를 보면서 놀란 적이 있습니다.
모든 일을 자신에게 편하거나 유리한 대로 생각합니다. '기억이
안 난다'고 말하는 사람은 양반인 편입니다. 기억을 왜곡해서
정당화하는 경우도 있습니다. 그런 모습을 보며 이러한 생각이
듭니다. '정말로 무서운 사람들이 많구나, 저렇게 뻔뻔하게 살
아도 하늘 아래 부끄러운 줄 모르는구나'라고 말입니다.

과거 나라를 팔아먹은 자들의 후손이 국가에 조상들의 땅을 되찾기 위해서 소송을 걸었다는 기사도 보았습니다. 수많은 백성에게 피해를 주고, 국가를 사라지게 한 사람들의 자손이 여전히 부끄러운 줄 모르고 재산을 증식하려는 모습은 믿기 힘듭니다. 이러한 사람을 세 글자로 정리하면 '파렴치'입니다. '부끄러워하는 마음'인 염치와 '부쉈다'는 파(破)가 결합되어 파렴치가 된 것입니다.

사회에서도 파렴치한 사람들을 만납니다. 어떤 사람은 '내 라인'이 아니라는 이유로 불이익을 주고도 전혀 부끄러워하지 않았습니다. 또 어떤 사람은 동료들을 감시하고 블랙리스트를 만드는 데 일조했으면서 그때나 지금이나 전혀 부끄러운 줄 모른다고 합니다.

요새라면 절대 일어날 수 없는 일입니다. 그만큼 사람들은 정의와 공정, 평등에 대한 의식이 있고, 이유 없이 불이익을 받으면 참지 않고 이의를 제기합니다.

의롭지 못한 형님 때문에 굶어서 눈귀가 먼 중자 이야기

맹자는 의를 강조했지만, 의로운 척하는 사람들은 증오했습니다. 겉으로는 성인군자인 척하면서 뒤로는 자신의 영달을 위해서 다른 사람들을 이용하거나 곤경에 처하게 만든 경우입니다. 또한 쓸데없는 명분에 빠져서 고고한 선비인 척하는 사람들도 역시 비판의 대상이었습니다.

제나라의 명장인 광장이 이렇게 말했습니다.

"진중자는 정말로 청렴한 선비입니다. 그는 자신의 형님이 의롭지 못한 녹을 받는다고 하여 사흘을 굶어서 귀도 안 들리고 눈도 안 보인다고 했습니다."

그러자 맹자는 이렇게 반박했습니다.

"저도 제나라 선비 중에서 중자를 으뜸으로 꼽습니다. 하지만 과연 그가 청렴하다고 할 수 있을까요? 그처럼 지조를 충족하려면 지렁이가 되어야 가능할 것입니다. 지렁이는 마른 흙을 먹고 누런 샘을 마십니다. 만약 그가 지은 집이 백이 같은 청렴한 사람이 지은 것이 아니고, 도척 같은 탐욕스러운 사람이 지었다면 어떻게 할 것인가요? 먹는 곡식도 백이 같은 사람이 심은 것이 아니고 도척 같은 사람이 심었다면요?"

평소 의를 중시했던 중자는 정의롭지 못한 형을 피해 어머니와 같이 오릉 지방에서 살았습니다. 그런데 어느 날 형이 동생의 건강을 위해서 거위를 보냈고, 어머니는 거위 요리를 했습니다. 동생은 사연을 모르고 맛있게 거위 요리를 먹은 후 나중에 이 사실을 알자 밖에 나가서 토했습니다.

중자의 청렴함은 높이 살 수 있지만, 이러한 행동은 다소 과격한 측면이 있습니다. 자신의 명성을 지키기 위해서 어머니가

요리한 음식도 부정하다고 생각하고 토해 냈으니 말입니다. 만약 형이 정말로 옳지 못하다면 관계를 끊고 살면 됩니다. 다만 가족으로서 형을 버릴 수는 없을 것입니다. 세상 사람들이 모두 중자처럼 산다면 모든 가족 관계는 다 끊길 수밖에 없습니다. 중자는 의를 과하게 추구했지만 정작 공자나 맹자가 중요시한 '인'과 '효'의 정신을 잊은 것 같습니다.

살면서 파렴치한 사람을 만나더라도 너무 언짢을 필요는 없습니다. 나와의 선을 넘는다면 경계해야겠지만 그렇지 않다면 다른 길을 가면 됩니다. 그 전에 나도 누군가에게 파렴치한 사람으로 보이는지 경계할 일입니다.

진정으로 의를 추구하고자 한다면, 우선 나 자신에게 솔직해야 합니다. 남들에게 잘 보이고 싶은 마음으로 가면을 쓰고 있으면 안 됩니다. 가식적인 삶이 생활화되어서 얼굴에 철가면을 쓴다면 영화 《마스크》의 주인공처럼 가면을 벗는 것이 힘들어질 겁니다.

물론 그렇다고 인간의 욕구를 무시할 수는 없습니다. 역시 적당한 수준이 좋습니다. 나에게 솔직하고 인과 의를 실천하면서 이익도 역시 챙기는 것입니다. 이익만 챙기는 것은 문제가 되지만 상대방에게 베풀면서 이익을 추구하는 것은 건전한 욕망입니다. 그것을 부정할 필요는 없습니다.

4장

어떻게 너그럽게
살 수 있을까?

오십의 측은지심

우물을 아홉 길이나 되도록 팠더라도
물이 솟아나는 데까지 도달하지 못했으면
우물 파기를 포기한 것이나 마찬가지다.

맹자

뜻을 이루고자 할 때는
고통이 따름을 기억하라

───────◈◈◈───────

하늘이 장차 그 사람에게 큰일을 맡기려 할 때는 먼저 그 마음과 의지를 고통스럽게 만들고 그 근육과 뼈를 힘들게 하며 그 몸과 살가죽을 굶주리게 하고 그 몸을 곤궁하게 한다.
天將降大任於斯人也 必先勞其心志 苦其筋骨 餓其體膚 窮乏其身
천장강대임어시인야 필선고기심지 노기근골 아기체부 궁핍기신

<고자 하>

어렸을 적에는 학업이 힘들고 스트레스를 받았지만 사회생활을 해 보니 그때 한 고민과 갈등은 일종의 통과 의례였음을 느낍니다. 그래서인지 많은 사람이 이 말을 많이 합니다.

"이 또한 지나가리라."

50대에 받는 스트레스는 또 다른 종류입니다. 가정을 이룬 사람은 회사뿐만 아니라 가정에도 똑같은 에너지를 써야 합니다. 아이가 있다면 더 신경 써야 할 부분이 많습니다. 사회에서는 남과 나의 연봉 차이, 직급에 따른 우열을 감내해야 합니다. 사업을 하는 사람들은 더 치열합니다.

현실은 훨씬 더 냉혹합니다. 예전에는 공부를 못하더라도 밥 굶을 경우는 거의 없었습니다. 하지만 이제는 정말로 생계에 위협을 받습니다. 돈을 못 벌면 남들처럼 외식을 할 수도 없고 아껴 써야 합니다. 돈을 잘 벌어도 씀씀이가 커지기 때문에 나중에도 이러한 삶을 지속하고 싶은 마음이 들어서 역시 스트레스를 받습니다.

그런데 중요한 것은 이렇게 스트레스를 받으며 힘들게 사회생활을 하면서도 무언가를 이루어야 한다는 점입니다. 돈도 돈이지만 개인의 성취도 중요합니다.

어떤 사람은 대기업에서 재직하다가 스타트업을 기획한 후 퇴직했습니다. 사업 아이템도 좋았고 대박은 못 해도 중박 정도는 할 것이라고 생각했습니다. 수년이 지났지만 여전히 성공할 것이라는 믿음을 가지고 고군분투하고 있습니다. 또 다른 사람은 회사에서 기획한 아이템으로 벤처 사업을 하다가 결국 포기하고 재취업을 했습니다. 그분은 그동안 너무 고생을 많이 했는지 꼬박꼬박 월급이 나오는 회사에서 일하는 것이 너무 행복하다고 말했습니다.

어른들 말씀처럼 세상에 쉬운 일은 결코 없습니다. 오죽하면 땅을 파도 100원짜리 동전 하나 나오지 않는다고 하셨을까요. 그만큼 세상은 냉혹합니다. 변화와 고난을 통해서 성장할 수 있다는 자기 계발서의 가르침도, 막상 당사자가 되면 쉽지 않습니다. 온갖 불안감으로 걱정이 앞섭니다. 위인의 말이 눈에 들어오지도 않습니다.

그러함에도 성공한 사람들은 끊임없이 노력을 합니다. 웬만해서는 포기하지 않고 도전하는 의식이 있습니다. 배경에는 수많은 실패를 딛고 일어난 경험이 있기 때문입니다. 처음부터 시작하자마자 성공한 사람은 없습니다. 고난과 환난을 경험했기 때문에 성숙한 것입니다.

지난날 나를 믿으며 감내했기에 지금의 나는 더 큰일을 할 수 있다

맹자는 "하늘이 장차 그 사람에게 큰일을 맡기려 할 때는 먼저 그 마음과 의지를 고통스럽게 만들고 그 근육과 뼈를 힘들게 하며 그 몸과 살가죽을 굶주리게 하고 그 몸을 곤궁하게 한다"라고 말했습니다. 하늘이 그 사람에게 큰일을 맡기려 할 때는 먼저 마음과 의지를 힘들게 합니다. 그런데 맹자는 뒤에 이렇게 말합니다.

"이러한 이유는 그에게 마음이 흔들리지 않을 참을성을 기르게 해서 불가능하던 일도 해낼 수 있도록 하기 위함이다."

이러한 생각이 들 것입니다.
'왜 하필 나는 이러한 선택을 했을까?'
'왜 나에게만 이러한 고난이 찾아왔을까?'
'다른 사람들처럼 평범하게 살 수 없나?'

이렇게 정신이 어지러우면 몸도 힘들어집니다. 몸이 아프고 곤궁해집니다. 피로, 두통, 불면증 등 증상은 다양합니다. 온몸으로 뛰는 일이라면 육체적으로도 힘이 들고, 수입이 좋지 않다면 당연히 굶주리게 될 것입니다. 이것이 더 어렵게 느껴지는 이유는 이러한 과정이 수개월 또는 수년이 걸리기 때문입니다. 우리는 성공한 사람들의 결과만 보고 그들의 의지와 성취에 고개를 끄덕입니다. 하지만 내가 막상 문전 박대를 당하고, 앞날과 생계가 불투명해진다고 생각해 보시지요.

결국 나 자신을 믿는 수밖에 없습니다. "하늘이 큰일을 맡길 때는 몸과 마음을 곤궁하게 한다"는 맹자의 말을 계속 되뇌면서 노력할 수밖에 없습니다. 맹자와 공자 모두 곤궁한 처지를 겪었습니다. 맹자는 왕도 정치를 주창하면서 제후들을 계속 설득하고 다녔지만 결국 실패하고 말았습니다. 공자는 더 심했습니다. 50대 중반에 법무부 장관 격인 대사구를 그만두고 14년간 천하를 주유했습니다. 제자들을 이끌고 이 나라, 저 나라를 찾아다니면서 제후들에게 인의 정치를 하라고 설득했습니다. 노상에서 양호라는 노나라의 반역자로 오인받아서 백성들에게 죽을 뻔했고, 암살 시도도 당했습니다.

혹독한 시련을 겪었지만 공자는 자신이 믿는 인과 예의 철학을 널리 알렸고, 그를 따른 제자가 3,000명에 달하게 되었습니다. 맹자도 공자 철학의 뿌리를 이어받아서 자신의 사상인 성선설을 펼칠 수 있었습니다. 큰 뜻이든 작은 뜻이든 실현하는 것은 결코 쉽지 않고 각고의 노력이 필요합니다.

50여 년의 생애를 돌아보면 많은 일이 떠오릅니다. 어느 때는 너무 힘들고 괴롭고 때로는 마음이 시릴 정도로 외롭고 힘든 적이 있었습니다. 지나고 보니 그러한 혹독한 과정을 통해서 지금의 내가 된 것 같습니다. 그런데 아직 끝이 아닙니다. 오십 이후는 또 다른 변화가 기다리고 있습니다. 대부분 제2의 인생을 시작하게 됩니다. 앞으로를 대비해서 다시 마음의 준비를 해야 합니다. 어느 정도 사회적 기반을 마련했다고 해도 백세 시대를 생각하면 지속적으로 변화를 준비해야 합니다.

자신에게 이러한 질문을 해 보면 어떨까요?
'과연 남은 인생 동안 하늘이 나에게 맡길 일은 무엇일까?'
'내가 받아들여야 할 고통은 무엇일까?'
'나는 고통을 통해서 어떻게 다시 성장할까?'

나의 마음가짐에서
모든 일이 달라진다

───────── ◆◇◆ ─────────

사람들이 항상 하는 말이 있다. 모두가 말하길 천하와 나라
와 집안이 있으니 천하의 근본에는 나라가 있고 나라의 근본
에는 집안이 있으며 집안의 근본은 바로 자신에게 있다.

人有恒言 皆曰 天下國家 天下之本在國 國之本在家 家
之本在身

인유항언 개왈 천하국가 천하지본재국 국지본재가 가
지본재신

〈이루 상〉

모든 행복과 불행은 곧 나에게서 시작합니다. 내가 바르면
집안이 바르고 집안이 바르면 나라가 바르고 나라가 바르면 곧
전 세계가 바르게 됩니다. 우리 주변에 발생하는 작은 문제에

서부터 시작해서 세계적으로 발생하는 많은 문제가 개인으로부터 시작됩니다.

나이 오십은 나를 다시 한번 돌아볼 때입니다. 나는 지금 어떤 삶을 살고 있나요? 사회에서 말하는 성공 가도를 달리고 있나요? 아니면 어려운 삶을 살고 있나요? 가정의 삶은 어떤가요? 우리 집안은 평온한가요? 아니면 부모, 형제, 친척, 자식 간에 사이가 안 좋고 갈등이 있나요?

각양각색의 사람을 만나며 나이가 들수록 사람을 바라보는 안목이 생깁니다. 사람에게 감동을 받을 때도 있지만 배신을 당하거나 상처를 입기도 합니다. 돌이켜보면 참으로 많은 일이 있었습니다. 그러면서 자신만의 경험치가 쌓이고 감도 생깁니다. 나이가 들수록 그 사람이 겪은 삶이 얼굴에 드러납니다. 지금 주변의 사람들을 한번 생각해 보시지요. 그들의 얼굴에는 어떤 인생의 굴곡이 그려져 있나요?

나는 어떤가요? 얼굴에 주름이 생기고, 표정에도 변화가 생기고, 머리카락에는 점차 서리가 내립니다. 그런데 어떤 사람에게는 온화한 기운과 웃음이 느껴지는 반면 어떤 사람에게는 날카로운 분노와 불만이 느껴집니다. 거울을 바라보거나 셀카를 찍어서 나의 얼굴을 한번 바라보시지요. 나의 표정과 인상은 어떤가요?

나이 오십이 되면 내가 하는 언행에 책임을 져야 합니다. 이제는 나를 바라보는 사람들이 이전보다 더 많습니다. 나의 말과 행동에 영향을 받는 이들도 있습니다. 가족이 그렇고, 후배와 지인 등 다양한 사람들이 그렇습니다.

전쟁통에서 맹자가
사람은 선하다고 외친 이유

공자가 인의 정신을 주창한 것도 우리 인생사가 사람과 사람의 관계에서 시작된다고 생각했기 때문입니다. 우리는 수많은 관계에서 성공과 실패를 반복하며 내가 어떤 삶을 살아야 할지 돌아보기도 합니다. 다른 사람과의 관계는 나에게 좋은 거울이 됩니다.

맹자는 공자의 인의 정신을 보다 체계적으로 정리했습니다. 맹자는 이를 측은지심이라고 했습니다. 우리는 '가엾고 불쌍하다'는 뜻의 측은을 잘 알고 있습니다. 한 일화가 있습니다. 어떤 사람이 강아지를 갑자기 버리고 떠나자 강아지는 주인을 놓치지 않기 위해서 온힘을 다해 쫓아갔습니다. 하지만 주인은 매몰차게 강아지를 버리고 떠났습니다. 이러한 광경을 목격한 사람이 버려진 강아지를 유기견 센터로 보내 주었습니다. 측은한 마음이 없다면 할 수 없는 일입니다.

이것이 맹자가 성선설을 주장한 이유 중의 하나입니다. 사람에게는 기본적으로 선한 마음이 있다는 것입니다. 강아지를 버리고 떠난 주인도 마음은 본래 선했지만 자라 온 환경이 그렇게 만들었다고 해석하는 것이 성선설입니다. 물론 여기에 동의하지 않는 학자들도 있습니다. 그래서 순자는 사람의 본성은 악하기 때문에 교육을 통해서 선해져야 한다는 성악설을 주장했습니다.

그렇다면 맹자는 왜 성선설을 주장했을까요? 맹자는 공자와 마찬가지로 평화로운 세상을 만들고자 하는 염원이 있었습니다. 세상은 혼란 그 자체였습니다. 공자가 있었던 춘추 말기 시대를 지나 전쟁의 국가를 뜻하는 전국 시대에 돌입했습니다. 수백여 개에 이르던 국가는 전국 칠웅이라는 국가로 남았습니다. 수많은 전란을 겪으면서 백성들은 유민이 되었고, 위정자들도 어떻게든 살아남는 것이 가장 큰 목적이었습니다. 그러한 상황에 여러 학자와 학파를 의미하는 제자백가가 각자의 목적을 위해 유세를 했습니다.

위정자들은 무엇이 옳은지 그른지 판단해야 했는데, 가장 중요한 목표는 부국강병이었습니다. 당장 백성과 식량을 늘리고 군대를 강하게 해서 주변의 국가를 압박하고 공격하는 것이 살아남는 길이었습니다. 그렇다 보니 마음은 각박해졌습니다.

맹자는 보다 큰 청사진을 제시했습니다. 그것은 바로 '선한 마음'인 인의 정신, '바른 마음'인 의의 정신입니다. 위정자가 인과 의의 마음을 가지고 백성을 대한다면 자연스럽게 더 많은 백성이 따를 것이고 나라는 부강해질 것이었습니다. 맹자는 군주의 선한 마음을 믿고 그 선함을 이끌기 위해 노력했습니다. 그래서 인간은 본래 선하다는 것을 주장해 이들이 변화하기를 바랐던 것입니다.

　우리의 삶도 마찬가지입니다. 내가 어떻게 마음을 먹느냐가 중요합니다. 나의 이익과 안녕만 생각하면 수단과 방법을 가리지 않고 이기적으로 부와 명예, 지위를 가지려고 할 것입니다. 내가 그렇게 살다 보면 가족의 구성원도 오직 이익을 우선시하고, 부의 세습을 당연하게 생각할 것입니다. 가족 간에 갈등이 발생할 것은 물론이고 다른 사람에게 피해를 주는 것을 당연하게 생각할 것이니 나라의 질서도 흔들릴 것입니다.

　지위 높은 사람들이 비리와 부정을 저지르고 자신의 잘못을 인정하지 않는 것도 이러한 마음가짐 때문입니다. 나의 양심을 지키고 상대방을 배려하는 인과 의의 정신이 없기 때문입니다. 엄격한 규율과 규칙만으로는 해결할 수 없는 문제입니다.

　그러므로 우선 나의 마음부터 돌아볼 필요가 있습니다. 내 마음속에는 어떠한 정신이 깃들어 있나요? 나 자신을 애틋하게 여기고 사랑하는 마음이 있나요? 가족과 친구를 생각하면서 포용하고 존중할 때 느끼는 행복한 마음이 있나요?

　나이 오십에 이르면, 이제는 자신을 다시 한번 돌아볼 때입니다. 천하의 근본에는 나라가 있고 나라의 근본에는 집안이 있으며 집안의 근본은 바로 자신에게 있습니다.

내 마음대로 할 수 없을수록
받아들여 보라

인한 자는 남을 사랑할 줄 알고 예를 갖춘 자는 남을 공경할
줄 안다. 남을 사랑할 줄 아는 자는 남도 늘 그를 사랑하고
남을 공경할 줄 아는 자는 남도 늘 그를 공경한다.

仁者愛人 有禮者敬人 愛人者人恆愛之 敬人者人恆敬之
인자애인 유례자경인 애인자인항애지 경인자인항경지

<이루 하>

고독하다고 생각하시나요? 나이는 들고 주변에 사람들은 떠
나가고 있으니 더 그렇겠지요. 어렸을 때는 열정과 젊음의 패
기를, 중년에는 상대적으로 안정감을 느끼지만 안정감이 때로
는 무기력이 되기도 합니다. 목표를 향해서 달려왔던 시간은
뒤로 하고 이제는 무엇을 위해서 살아야 할지 막연한 기분도

듭니다. 바쁘게 살고 있지만 진정으로 마음을 나눌 친구는 점차 줄어들고 있습니다. 물론 사람과의 관계를 늘린다고 해서 고독감이 사라지지는 않을 겁니다. 고독은 인류가 탄생한 이후로 늘 함께하고 해결하기 가장 어려운 화두입니다.

고독한 행위를 즐기는 것도 정답은 아닙니다. 혼자서 밥을 먹고 책을 읽고 여행을 다니는 것이 꼭 행복을 보장하지도 않습니다. 진정으로 고독을 받아들이고 즐기기 위해서는 우선 나 자신이 단단해질 필요가 있습니다. 무조건 강해지라는 이야기가 아닙니다. 우선 나를 있는 그대로, 제대로 바라보고 사랑하는 마음을 가져야 한다는 것입니다.

나는 어떤 사람인가요? 어느 회사의 사장 혹은 직원, 누구의 엄마, 아빠, 자식이 아닌 나 자신의 모습을 한번 생각해 볼까요? 나는 나에 대해서 어떻게 생각하나요? 불만이 있나요? 만족하고 있나요? 아마 대부분의 사람들은 만족하지 않을 겁니다. 자신에 대한 불만족을 애써 무시하려고 하고, 그러한 공허함을 다른 사람과의 관계로 메꾸려고 합니다. 하지만 아무리 겉을 꾸민다고 해도 텅 빈 마음이 좀처럼 채워지지 않습니다.

나이 오십에 접어들면 더욱 그렇습니다. 20여 년의 학창 시절, 30여 년의 사회생활을 겪으면서 나를 진정으로 마주할 때가 별로 없습니다. 학창 시절에는 입시를 준비하느라, 가정을 꾸리면 가정을 돌보느라, 사회에서는 성공하기 위해서 정신없이 보냅니다. 그러다가 오십쯤이 되면 나를 돌아보게 됩니다.

큰돈을 벌고 은퇴를 선언하는 사람들을 보면 상대적인 박탈감이 더 커집니다. 도대체 나는 무엇을 위해서 이렇게 힘들고 치열하게 살아왔는지에 대해서요.

마음은 걷잡을 수 없이 흔들리고 불만으로 가득해집니다. 0~9세 자녀를 둔 서울 맞벌이 부부의 24퍼센트, 즉 4명 중 1명이 우울증을 호소한다고 합니다. 심지어 9퍼센트는 자살까지 생각합니다. 이들은 대부분 30대 중반이나 마흔을 넘긴 나이일 것입니다. 이 조사를 더 확장해서 중·고등학생 부모까지 본다면 그 비율이 더 늘어날 겁니다. 사춘기 아이와의 갈등, 갱년기, 심한 경쟁에 따른 스트레스로 더 우울증을 느끼겠지요.

저도 마찬가지입니다. 회사에서의 업무 스트레스도 크지만 집안에서 받는 스트레스도 그에 못지않고 오히려 더 큰 부분도 있습니다. 농담 삼아서 제 흰머리의 반은 회사, 반은 자식들 덕분이라고 합니다. 그래도 회사에서는 내가 일한 만큼의 결과를 어느 정도 알 수 있기라도 하지만 자녀 교육은 부모가 노력해도 꼭 좋은 결과만 있지 않습니다. 자녀를 더 이상 통제할 수 없다는 것에 무력감을 느낍니다.

그럴 때일수록 한 발자국 떨어져서 자신을 돌아보아야 합니다. 나의 마음과 신체의 건강을 점검하는 자세가 필요합니다. 거기에는 부족한 자식이지만, 부모이지만, 자신을 인정하고 받아들이는 마음인 사랑, 인의 정신이 필요합니다. 더 늦기 전에 자신을 제대로 바라볼 필요가 있습니다.

아무리 많은 사람이 따라도
내 뜻과 같지 않다면 외롭기 마련이다

맹자도 평생 고독했습니다. 비록 훌륭한 제자들이 구름처럼 따랐지만 자신의 사상을 받아들이고 실현할 위정자를 찾지 못했습니다. 하지만 그는 자신이 믿는 바를 끊임없이 추구하면서 당대와 후대에 존경을 받았습니다. 그가 흔들리지 않고 꾸준하게 나아갈 수 있었던 것은 사람의 선한 마음에 대한 믿음이 있었기 때문입니다. 그러한 동기가 있었기 때문에 비록 위정자들에게 중용되지 않더라도 포기하지 않았습니다. 맹자는 자신을 사랑했고 남을 사랑할 줄 알았습니다. 사랑의 마음을 표현하고 이를 예로 나타냈습니다.

맹자가 말했습니다.

"인한 자는 남을 사랑할 줄 알고 예를 갖춘 자는 남을 공경할 줄 안다."

그다음에 더 중요한 말을 합니다.

"상대방을 사랑하는 사람은 남이 항상 그를 사랑하고 상대방을 공경하는 사람은 남이 항상 그를 공경한다."

나 자신에 대한 인정과 사랑을 한 후에는 남들을 사랑하고 공경할 줄 알아야 합니다. 그래야 나도 사랑과 존경을 받을 수 있습니다. 이러한 사람이 고독을 즐길 수 있을 겁니다. 외롭고 괴롭다면 달콤한 고독이 아닌 쓰디쓴 고독이 됩니다. 따라서 고독을 즐기기 위해서는 나를 있는 그대로 받아들이고 이 마음을 나눌 줄 알아야 합니다.

나는 나를 안타깝게 여기고 사랑하고 있나요? 나는 나에게 미안해하고 있나요? 나의 몸과 마음을 잘 보살피고 있나요? 그리고 나의 사랑을 다른 이들에게 전달하고 있나요?

인의 정신을 발휘할 때 우리는 비로소 고독을 즐길 수 있습니다. 인은 모든 것의 기본이고 시작입니다.

나는 상대방에게
함께하고 싶은 사람이었나?

ーーーーー◆◆◆ーーーーー

지금 왕께서 백성과 함께 즐기신다면 훌륭하게 왕 노릇을 하
시는 겁니다.

今王與百姓同樂 則王矣
금왕여백성동락 즉왕의

〈양혜왕 하〉

많은 인간관계가 경조사를 통해 정리됩니다. 경사나 조사를
겪을 때 같이 기뻐해 주고 슬퍼해 주는 사람이 있는 반면 그렇
지 않은 분들도 있습니다. 내가 주는 데서 오는 행복으로 만족
한다면 그만이겠지만, 내가 준 만큼 받기를 기대한다면 실망감
이 클 것입니다. 나이가 들수록 사회적 관계는 늘어나지만 진
정한 인간관계의 폭이 줄어듭니다. 진정한 인간관계는 보통 내

가 힘들 때 나에게 진심으로 손을 내밀어 준 사람이 누구인지를 떠올리면 알 수 있습니다.

오랫동안 택시 기사를 한 사람이 있었습니다. 평소 건강을 자부했지만 갑자기 암에 걸렸습니다. 그런데 가깝지 않았던 분이 위로의 말과 함께 조금이나마 금전적으로 보탬을 주었다고 합니다. 의외이면서 너무 감사한 마음이 들었다고 술회했습니다. 반면 그와 오랜 친구는 아예 무시를 하고 연락을 끊었다고 합니다. 평소 술을 마실 때 늘 어울리던 친구였기 때문에 더 상처가 컸습니다. 누가 진정한 친구인지 아닌지를 알게 되었다고 말합니다.

이러한 예는 주변에 무수히 많습니다. 늘 화려하게 보이던 스타도 가까운 친구에게 큰 사기를 당했다는 뉴스를 종종 접합니다. 오랫동안 친한 관계라면 그 상처가 이루 말할 수 없었을 것입니다.

제가 결혼을 했을 때도 축의금 규모 때문에 부모님이 심하게 다투었습니다. 아버지는 친구 자제들의 결혼식에 꼬박꼬박 축의금을 냈는데 막상 제가 결혼을 했을 때 받은 축의금은 훨씬 적었다고 합니다. 어머니가 크게 역정을 내셨고 부부 싸움으로 번지게 되었습니다. 축의금 금액을 세세하게 따지자는 것이 아닙니다. 다만 슬플 때나 기쁠 때나 그 사람이 나와 함께할 사람인지 아닌지 생각해 보게 됩니다.

인간관계를 생각할 때 우선 나 자신을 돌아보아야 합니다.

'나는 과연 그 사람들을 진심으로 대했는가' 말입니다. 공자의 학통을 이어받은 증자는 매일 세 가지 반성을 했습니다. "남을 살피는데 진심을 다했는가? 친구와 사귀는 데 믿음을 주었는가? 배운 것을 습득했는가?"입니다. 이를 '忠(충), 信(신), 習(습)'으로 정리했습니다.

忠은 中(가운데 중)과 心(마음 심)이 합쳐진 글자로 '마음의 가운데'를 뜻합니다. 내가 과연 주변 사람들에게 마음을 다했는지 돌아볼 일입니다. 노력했음에도 외면받는다면 그 관계는 정말로 정리해야 합니다. 너무 서운하게 생각할 필요는 없습니다. 보다 의미 있는 관계에 시간을 투자하면 됩니다.

함께 기뻐하고 슬퍼해 줄 관계에 대하여

인간관계에 대한 고민은 예전 제후들도 있었습니다. 《맹자》에서 처음 등장하는 양혜왕도 마찬가지였습니다. 그는 음악을 즐기고 있었지만 세속의 음악을 즐긴다는 것에 대해서 약간의 죄책감을 느낀 듯했습니다.

이를 알고 맹자가 왕에게 질문했습니다.
"왕께서 예전에 장자(장포)에게 음악을 좋아한다고 하셨는데 맞는지요?"
왕은 안색이 변했고 맹자의 눈치를 보면서 대답했습니다.

"과인은 선왕의 음악이 아니라 단지 세속의 음악을 좋아할 뿐입니다."

그러자 맹자는 다시 질문했습니다.

"혼자 음악을 즐기는 것과 다른 사람과 함께 즐기는 것 중 어느 것이 더 즐거울까요?"

왕은 대답했습니다.

"다른 사람과 함께 즐기는 것이 낫지요."

맹자는 이윽고 결론을 이야기했습니다.

"지금 왕께서 백성과 함께 즐기신다면 훌륭하게 왕 노릇을 할 것입니다."

이 일화에서 그 유명한 고사성어 여민동락(與民同樂)이 나옵니다. 즉 백성과 함께 즐긴다는 것입니다. 맹자는 이 말을 하기 전에 여러 가지 사례를 들어서 언급합니다. 비단 음악뿐만 아니라 왕이 백성과 함께한다면 사냥을 할 때도 백성들이 왕의 수레와 말소리, 깃발의 아름다움을 보면서 기쁜 얼굴빛으로 "우리 왕께서는 병도 없으셔서 이렇게 사냥을 잘하시는가?"라고 한다고 말이지요.

왕이 음악뿐만 아니라 사냥을 할 때도 백성들을 기쁘게 하기 위해서는 함께 즐겨야 하고, 그러기 위해서는 백성들이 곤궁하지 않고 잘 먹고 잘살아야 합니다. 풍족하게 살면서 걱정이 없어야 왕이 유유자적한 삶을 살아도 같이 응원해 줄 수 있는 것입니다.

인간관계도 마찬가지입니다. 내가 잘될 때 시기하는 사람이 있지만 진심으로 응원하는 사람도 있습니다. 반대의 경우도 마찬가지입니다. 내가 힘들고 어려울 때 같이 걱정하고 눈물을 흘릴 수 있는 사람이 있지만, 반대로 나의 불행을 기뻐하는 사람도 있습니다. 인간 세상에서는 피할 수 없는 현상입니다. 누구에게나 응원과 격려를 받을 수 없습니다. 타인을 원망하기에 앞서 나의 행실을 돌아보면 자연스럽게 답이 나옵니다.

내가 평소 덕을 베풀고 행하면 여아동락(與我同樂), 즉 나와 함께 기뻐하는 사람이 있을 것이고 같이 슬퍼하는 사람도 있을 것입니다. 오십에 이르러서 나의 관계를 한 번 더 생각해 보시지요. 나는 과연 상대방에게 진심을 다했고, 상대방도 그렇게 나를 대했는지에 대해서 말입니다.

눈물과 마음은
위에서 아래로 흐른다

◆◆◆

정치를 하는 자가 사람들을 모두 기쁘게 해 주려면 날마다
하더라도 충분하지는 않을 것이다.
故為政者 每人而悅之 日亦不足矣
고위정자 매인이열지 일역부족의

〈이루 하〉

"남자는 태어나서 세 번만 울어야 한다"라는 옛날 말이 있습
니다. 태어날 때, 부모가 돌아가셨을 때, 나라가 망했을 때입니
다. 남자는 강해야 한다는 예전의 문화 때문에 생긴 말 같습니
다. 그런데 과연 지금도 이 말이 통할까요? 나이가 들수록 호
르몬 때문에 더 감정적으로 변합니다. 드라마나 영화를 보면서
눈물을 흘리기도 합니다. 세상을 떠나면서 많은 이에게 장기를

기증하는 사연을 보면 울컥합니다. 확실히 눈물이 더 많아지고 이전보다 감성적인 사람이 됩니다. 예전에는 들여다보지 않던 꽃이나 나무도 한 번 더 보고 그림과 예술에도 관심을 갖게 됩니다.

이렇게 지극히 개인적인 눈물도 있지만 우리는 사회 문제나 현상에 대해서도 눈물을 짓고는 합니다. 안타깝게 사고로 세상을 떠난 아이들이나 청년들, 어른들의 사연을 볼 때 더욱 그렇습니다. '그렇게 허망하게 떠나지 말았어야 하는데' 하는 안타까운 마음을 갖습니다.

눈물은 인간이 받은 소중한 선물 중 하나입니다. 눈물은 다른 이에 대한 안타까운 마음이 있을 때 나옵니다. 인간이 인간다운 이유 중의 하나입니다. 이를 맹자는 측은지심이라고 했습니다. 사회가 각박해질수록 우리는 눈물의 소중함을 알아야 합니다. 내가 남을 안타깝게 여기고 흘리는 눈물은 분명히 가치가 있습니다.

나아가 사회의 리더들에게도 눈물이 필요합니다. 눈물은 공감을 뜻하기도 하기 때문입니다. 구성원들의 아픔과 슬픔을 진정으로 공감할 때 눈물을 흘릴 수 있는 것입니다. '악어의 눈물'이 아닌 참된 눈물이어야 합니다. 겉으로만 공감하는 척한다면 그가 흘리는 눈물에서 진심을 느낄 수 없겠지요.

한번 생각해 보시지요. 리더가 진심 어린 눈물을 보인 적이 언제였을까요?

수레 한번 빌려주기보다
다리를 놓게 하지 그랬습니까?

정나라의 대부 자산이 나라의 정치를 맡고 있을 때의 일입니다. 어느 날 자산이 유수의 강을 건너려다가 백성들이 맨발로 물을 건너는 것을 보고 안쓰러워 자신이 타고 있던 수레를 백성들에게 내주었습니다. 그는 백성들에게 자비를 베풀었다고 뿌듯하게 생각했을 것입니다.

하지만 맹자의 평가는 냉정했습니다. 그는 제자들에게 이렇게 말했습니다.

"한 나라의 정치를 책임지는 사람이 어떻게 매번 백성들을 보살필 만한 여유가 있겠는가? 언제까지 그 많은 백성을 수레에 태워 건너게 해 줄 수 있겠는가?"

맹자는 차라리 농한기를 이용해서 백성들로 하여금 11월에는 사람들이 다닐 수 있는 작은 다리를 놓고, 12월에는 수레가 다닐 정도로 큰 다리를 놓는다면 백성들이 더 이상 맨발로 강을 건너는 불편함을 겪지 않을 것이라고 했습니다. 맹자의 해결책이 아주 현명하고 현실적입니다.

대부 자산은 수레를 내주었다고 의기양양했지만 진정으로 사람들의 아픔과 어려움을 공감하지 못한 것입니다. 그가 문제의 핵심을 파악하고 백성들의 고충을 진심으로 느꼈다면 차라리 다른 사람들과 돈을 모아서 다리를 놓는 방법을 실행했을 것입니다.

정나라의 대부 자산을 덮어 놓고 비판할 수는 없습니다. 그는 공자가 존경할 정도로 현명한 재상이었습니다. 그가 세상을 떠날 때 많은 백성이 안타까움에 눈물을 흘릴 정도였다고 합니다. 그는 백성들의 어려운 상황을 안타깝게 여겨서 수레를 내준 것으로 보아 최소한의 공감 능력이 있었습니다. 당시 다른 정치인들에게는 기대할 수 없었던 행동입니다. 다만 문제의 핵심을 보지 못한 점이 조금 아쉬울 뿐입니다. 그랬기 때문에 맹자는 "정치를 하는 자가 사람들을 모두 기쁘게 해 주려면 날마다 하더라도 충분하지는 않을 것이다"라고 하면서 단지 사람들의 인기를 얻기 위해서 하는 정치에는 한계가 있다고 일침한 것입니다.

다른 이야기도 있습니다. 제나라 선왕이 당(堂)에 앉아 있을 때 어떤 사람이 소를 끌고 가서 새 종을 완성한 후 피를 바르는 의식을 하려고 하자 "놓아주거라. 나는 그 소가 죄도 없이 떨면서 사지로 끌려가는 것을 차마 못 보겠다"라고 말하며 대신 "양으로 바꿔서 의식을 행하라"라고 명을 내렸습니다. 제선왕은 불쌍한 소에 대한 자비심을 보여 주었다고 생각했지만 사실 소나 양이나 같은 동물이고 양도 죄 없이 희생당하기는 마찬가지였습니다.

맹자는 왕에게 동물뿐만 아니라 당연히 백성들에 대해서도 이러한 측은한 마음가짐이 필요하다고 강조했습니다. 그리고 말미에 이렇게 솔직하게 말했습니다.

"노인이 비단 옷을 입고 고기를 먹으며 백성들이 주리거나 추위에 떨지 않게 하면서 임금 노릇을 제대로 못한 예가 없었습니다."

즉 대부분의 국가에서 백성들은 헐벗고 고통에 신음하고 있기 때문에 임금이 이들을 진정으로 아끼고 배려한다면 제대로 임금 노릇을 하는 것이고, 백성들은 용비어천가를 부른다는 것입니다. 맹자는 동물에 대한 안타까움과 눈물을 백성들에게도 향하라고 왕에게 간곡하게 충언했습니다.

우리도 마찬가지입니다. 주변을 돌아보면서 사소한 곳에도 도움을 주는 마음이 필요합니다. 가짜 눈물이 아닌 진짜 눈물이 필요한 때입니다. 그것은 사람의 아픔을 공감하는 인의 마음에서 비롯됩니다. 젊은 시절 나 자신을 돌보기에 바빴다면 오십에 이르러서는 나 자신과 내 주변을 한번 돌아보시지요. 우리가 진정으로 슬퍼해야 할 것은 무엇일까요?

부모님, 배우자, 연인, 친지, 친구, 동료, 후배 등. 이들에게도 안타까운 마음을 가져야 하지 않을까요? 그것이 더 확대된다면 내 이웃과 사회까지 확장되지 않을까 싶습니다. 오십은 진정한 안타까움이 무엇인지, 진정한 눈물이 무엇인지 깨달아야 하는 나이이기도 합니다. 우리의 마음속에는 과연 진심 어린 측은지심이 있을까요?

상대의 안녕을 생각한다면
진심으로 벗이 될 수 있다

왕께서 만약 재물을 좋아하더라도 이를 백성과 함께하신다
면 왕 노릇 하시는 데 어떤 어려움이 있겠습니까?

王如好色 與百姓同之 於王何有
왕여호색 여백성동지 어왕하유

〈양혜왕 하〉

저는 예전에 경조사에 참여할 때 조사가 중요하다고 생각했
습니다. 아픈 마음을 같이 나누는 것이 정말로 중요하니까요.
그런데 언젠가부터 기쁜 마음을 같이 나누는 친구가 진정한 친
구라는 말에 동의가 되었습니다. 사실 인간의 감정 중에서 가
장 통제가 안 되는 것이 욕심과 질투입니다. "사촌이 땅을 사면
배가 아프다"라는 격언을 생각합니다. 사촌이 땅을 샀는데 그

땅의 값어치가 몇 배가 된다면 어떻겠습니까? 오히려 사촌이 땅을 사고 나서 땅값이 폭락한다면 겉으로는 위로하겠지만 속으로는 기분이 좋을지도 모릅니다. 그러한 마음이 든다는 것에 죄책감이 들지만 이 또한 어쩔 수 없는 인간의 속성입니다.

그래서 즐거움을 같이 나눌 수 있는 사람만큼 소중한 벗이 없는 것 같습니다. 그렇다고 나의 즐거움을 상대방에게 강요하는 것은 지양할 일입니다. 땅을 샀는데 땅값이 올랐다면 혼자 손뼉치고 좋아하면 됩니다. 그것을 주변에 알려서 괜한 질투나 시기를 받을 필요는 없습니다.

인생은 새옹지마와 같습니다. 좋은 일과 나쁜 일은 늘 같이 다니기 때문에 너무 기뻐하는 것도 좋은 태도는 아닙니다. 오히려 좋은 일이 연이어 일어나면 경계하는 마음을 가져야 합니다. 만약 나의 기쁜 마음을 꼭 상대방과 공유하고 싶다면, 방법이 있습니다. 그만큼 베풀면 됩니다. 내가 땅값이 올라서 기쁘다면 친구들을 초대해서 한턱 쏘면 됩니다. 아니면 받은 만큼 어려운 사람들을 위해서 기부를 한다든지 선행을 베풀면 어떨까요? 그렇게 하면 사람들은 나에게 일어난 좋은 일을 함께 기뻐하게 될 겁니다.

남도 잘살아야
내 기쁨을 나눌 수 있다

어느 날 제선왕은 맹자에게 이러한 질문을 했습니다.

"사람들이 나에게 명당을 헐어 버리라고 하는데 그래도 될까요? 아니면 그만두어야 할까요?"

맹자는 이렇게 답했습니다.

"명당은 왕의 역할을 하는 사람의 전당이니, 왕께서 왕도 정치를 행하려고 하신다면 헐어 버리지 마십시오."

그러자 이야기는 본론으로 들어갔습니다. 왕이 질문했습니다.

"왕도 정치에 대해서 선생님의 의견을 들을 수 있습니까?"

맹자는 주나라 문왕이 백성들의 안위를 우선하면서 선정을 베풀었던 것을 설명했습니다. 그리고 홀아비, 과부, 고아, 독거노인을 배려하라고 권했습니다. 제선왕은 좋다고 말했지만 결국 하고 싶은 이야기를 꺼냈습니다.

"그런데 과인은 결점이 있는데 재물을 좋아합니다."

맹자는 과거 공유라는 자가 재물을 좋아했지만 백성들을 위해서 준비했다고 했고 "왕께서 재물을 좋아하시더라도 백성과 함께하신다면 무슨 문제가 되겠습니까?"라고 말했습니다.

그러자 제선왕은 한술 더 떠서 말했습니다.

"과인은 또 결점이 있는데 여색을 좋아합니다."

맹자는 과거 주문왕의 할아버지 태왕이 여색을 좋아해서 그 후비를 사랑했고 같이 집터를 보기 위해서 말을 달렸다고 했습니다. 이러한 로맨티스트 태왕을 따라서 백성들도 제짝을 찾으니 홀로 원망하는 여자가 없고 홀아비도 없었다고 합니다. 그러면서 또 다시 말했습니다.

"만약 여색을 좋아하더라도 백성과 함께하신다면 무슨 문제가 되겠습니까?"

중국 은나라의 마지막 왕이면서 누구보다 포악했던 주왕의 경우는 어떤가요? 그는 달기라는 아름다운 후궁을 맞아들였습니다. 주왕은 그녀를 즐겁게 하기 위해서 큰 동물원을 만들고, 사람들을 고문하고 신체적으로 고통을 주었습니다. 차마 입에 담기 힘들 정도의 잔인한 방식으로 말이지요. 결국 그의 폭정에 반기를 든 주나라의 무왕에 의해서 은나라는 멸망하고 둘은 사살되고 말았습니다.

앞서 태왕도 여색을 좋아했지만 다른 사람들에게 큰 피해를 주지 않고 오히려 백성들이 짝을 찾도록 자극을 주었습니다. 이들의 사랑을 축복한 것입니다. 그것은 태왕이 선정을 베풀어 백성들이 평소 생계에 큰 걱정이 없었기 때문입니다. 만약 그가 주왕처럼 백성들을 핍박했다면 백성들은 당연히 태왕의 러브스토리를 지지하지 않고 원망했을 겁니다.

맹자는 이렇게 제선왕에게 여러 가지 사례를 들어서 재물을 탐하든 여색을 탐하든 그것은 왕의 개인사이기 때문에 알아서 하되 백성들의 안녕에 우선을 두어야 같이 즐길 수 있다고 강조했습니다.

마찬가지로 나이 오십에 이르러 나와 함께 즐길 사람들을 찾기 위해서는 그만큼 나도 많이 베풀고 함께 잘 나이 들어야 할 것입니다. 나만 잘나간다면 당연히 함께 기뻐하고 즐길 벗은 점차 사라집니다. 겉으로는 웃으면서 축하하겠지만 속으로 배 아파하고 심지어 저주하는 사람도 있을 것입니다. 나만 잘나가는 인생은 결코 바람직하지 않습니다. 이제 내가 벗에게 베풀고 함께 즐길 것이 무엇인지 한번 생각해 보시지요.

죽음 앞에 섰을 때
어떻게 살았다고 말하겠는가?

◆◆◆

덕으로 남을 복종시키는 사람은 상대방도 마음속으로 기뻐
하면서 진실로 복종하는 것이니 이는 마치 일흔 명의 제자가
공자에게 복종하는 것과 같습니다.
以德服人者 中心悅而誠服也 如七十子之服孔子也
이덕복인자 중심열이성복야 여칠십자지복공자야

<공손추 상>

소설가 김훈은 팬데믹 때 심장 질환으로 열흘 정도 병원에
입원했습니다. 무려 24시간 동안 혼수상태에 빠져서 생사가 불
분명했습니다. 이후 그는 《허송세월》이라는 책을 내면서 이렇
게 말했습니다.

"죽지 않는 자는 죽지 않았기 때문에 죽음을 알 수 없고 죽은

자는 죽었기 때문에 죽음을 알 수 없다."

김훈 작가의 책에는 종종 죽음이 화두로 나옵니다. 특히 이순신 장군의 《난중일기》를 생생하게 다룬 《칼의 노래》가 그렇습니다. 이순신 장군은 선조의 미움을 사서 옥중에서 모진 고문을 겪고 죽을 뻔했다가 살아났습니다. 그 와중에 사랑하는 어머니도 세상을 떠났고, 전쟁 중에 셋째 아들 이면은 고향을 지키며 용감하게 왜군들과 싸우다가 전사했습니다.

이렇게 죽음에 대해서 길게 이야기한 것은 우리도 예외없이 죽음을 맞이하기 때문입니다. 이러한 질문을 하게 됩니다.

우리는 과연 어떤 죽음을 맞이해야 할까요?

나이 오십에 이른다면 죽음은 앞으로 들고 갈 중요한 화두입니다. 주변에 부쩍 죽음을 맞이하는 사람들이 늘어나기 때문이기도 합니다. 저는 마흔 후반에 이르러 죽음에 대해서 보다 진지하게 생각하게 되었고 《죽음 앞에 섰을 때 어떤 삶이었다고 말하겠습니까?》라는 책을 냈습니다.

그런데 많은 사람이 제 책의 제목을 보면 대부분 저에게 심각한 표정으로 '혹시 무슨 안 좋은 일이 있었나요?'라고 질문을 합니다. 아무래도 제가 힘든 일을 겪으면서 죽음을 생각했다고 여긴 것 같습니다. 하지만 그럴 때마다 저는 보다 의미 있는 삶을 살기 위해서 죽음을 이야기했다고 말씀드립니다. 죽음을 인정하고 마주할 때 비로소 우리는 어떻게 살아야 할지 답을 찾게 된다고 말입니다.

대부분 사람들은 죽음을 애써 외면하려고 합니다. 마치 나의 일이 아닌 것처럼 생각합니다. 그래서 평소 건강 관리를 게을리하고 먹고 마시고 즐기는 데 열중합니다. 물론 열심히 일했으니 스트레스도 풀어야 합니다. 다만 인생의 의미를 보다 진지하게 생각할 때 적당하게 즐기면서 보다 나은, 후회하지 않는 인생을 살기 위해서 노력하게 됩니다.

제가 내린 결론은 이러합니다. 의미 있는 인생을 살기 위해 나만의 가치를 위해 노력해서 성취해야 하고, 사람과의 관계를 소중히 해야 한다는 것입니다. 관계는 비단 가족뿐만 아니라 나와 비슷한 가치관과 목표를 공유하고 서로에게 안타까운 마음, 측은지심을 가지고 있는 사람과의 관계입니다. 기쁜 일이 있으면 서로 기뻐하고 슬픈 일이 있으면 같이 슬퍼하는 관계입니다. 그런데 막상 그런 사람들을 찾기가 쉽지는 않습니다.

사회적 지위가 올라갈수록 피상적인 관계가 늘어납니다. 특히 나의 지위와 권력이 강해지고 부와 명예를 이루었다면 더욱 그럴 것입니다. 겉으로 기뻐하고 슬퍼하는 사람들은 막상 나의 '금테'가 사라지면 썰물과 같이 빠져나갑니다. 그렇게 되었을 때 느끼는 인생무상은 이루 말할 수 없습니다. 그들을 원망하게 되고 사람을 제대로 못 본 자신을 원망합니다. 하지만 생각해 보면 그런 사람들을 주변에 모은 것은 바로 나입니다. 내가 주변의 칭찬과 위로에 빠져서 진심으로 나를 위한다는 착각을 했기 때문입니다. 나에게 잘 보이기 위해서 마지못해 그러한 말과 행위를 했는데 말입니다.

내가 덕을 베풀면
상대도 나를 위해 울고 웃을 것이다

맹자의 이 말을 명심했으면 합니다.

"덕으로 남을 복종시키는 사람은 상대방도 마음속으로 기뻐하면서 진실로 복종하는 것입니다."

내가 이해관계 없이 베푸는 덕에 그 사람이 나를 진심으로 따른다는 뜻입니다. 물론 이해 없는 관계는 없을 겁니다. 어떤 식으로든 관계를 유지하려는 이유가 있습니다. 하지만 순수하게 덕을 베푸는 사람은 이해와 이득만을 바라고 접근하는 사람과는 분명하게 다를 겁니다.

맹자는 바로 공자의 70여 명의 제자를 언급했습니다.

"마치 일흔 명의 제자가 공자에게 복종하는 것과 같습니다."

맹자는 공자를 진심으로 존경하고 추앙했습니다. 맹자는 공자의 인의 사상에 의를 더해서 자신만의 사상적 체계를 갖추었습니다.

그의 제자 공손추는 이러한 맹자가 자랑스러운지 아부의 말을 던졌습니다.

"공자께서는 선한 말과 덕행을 지니셨으나 외교를 위한 언사에 능하지 못하다고 하셨습니다. 그렇다면 선생님께서는 이미 성인이 아니십니까?"

그러자 맹자는 불편해하면서 바로 부정하며 공자에 대한 존경심을 드러냈습니다.

"공자께서도 성인을 자처하지 않았는데 그게 무슨 말인가? 인류가 생긴 이래로 공자 같은 분은 안 계셨다."

100여 년 전에 돌아가신 먼 스승에 대한 존경심이 대단하다고밖에 할 수 없습니다.

공자에 대한 존경심은 맹자뿐만 아니라 육예(六藝)에 능하면서 '공문칠십자'라고 불리는 70여 명의 제자 그리고 공자가 거두어들인 3,000여 명의 제자를 통해서 알 수 있습니다. 그중 상업을 통해서 부를 축적하고, 뛰어난 외교술로 노나라를 위기에서 구한 자공이라는 제자도 있습니다. 자공은 주변에서 그가 공자보다 낫다는 칭찬을 들었지만 모두 가당치 않다며 부인했고, 나중에는 스승을 무시한다고 화를 낼 정도였습니다. 자공은 공자가 세상을 떠나자 삼년상을 두 차례나 치렀습니다. 한창 잘나가던 부자 제자는 스승을 기리며 6년간 애도했던 것입니다.

공자나 맹자처럼 또는 성웅으로 불리는 이순신처럼 많은 이들의 존경을 받고, 나의 죽음을 진심으로 애도하는 사람들이 많기는 어려울 것입니다. 하지만 내가 덕을 많이 베풀고, 정신적·물질적 혜택을 준 사람들은 나를 더 오래 기억하고 추모할 것입니다. 가족과 친지는 혈연이기 때문에 당연히 안타까워하고 그리워하겠지만, 그 외에 다른 이들은 어떨까요? 나를 위해서 진심으로 눈물을 흘릴 사람은 얼마나 될까요?

남들의 시선에 신경 쓰지 않고 소위 '독고다이'로 살다가 혼자서 외롭게(독고), 죽는 것(다이)에 만족한다면 할 말은 없습니다. 하지만 오십에 이르러서 보다 의미 있는 죽음을 맞이하고 세상에 흔적을 남기고 싶은 마음이 조금이라도 있다면 내가 베풀 수 있는 덕이 무엇일지, 그래서 나의 죽음을 애틋하게 여길 사람들이 있을지에 대해서 한번 생각해 보면 어떨까요?

덕의 향기는 빠르게 퍼지고 오래 남는다

❖❖❖

공자께서 말씀하시기를 덕이 흘러서 나아가는 것은 역참을
통해서 명령을 전달하는 것보다 빠르다.

孔子曰 德之流行 速於置郵而傳命
공자왈 덕지유행 속어치우이전명

<공손추 상>

X 세대는 운동권 세대를 지나 민주화를 경험하고 이후 이념
과 물질 사이에 자리 잡은 세대입니다. 고도의 성장 이후 1997년
IMF 외환 위기를 경험했습니다. 제 바로 위 선배들은 금융 위
기로 취업이 연기되기도 했습니다. 저는 운이 좋게도 위기를
벗어날 때 직장에 취직했습니다. 그 이후로 2001년 9·11 사태,
2008년 금융 위기를 겪었습니다.

자기계발 열풍이 다시 불면서 예전에 읽었던 자기 계발서에 대해서 생각해 봅니다. 오십이라는 나이에 이른 사람들은 다양한 사회의 굴곡과 이념적 충돌을 경험했습니다. 50대는 자기계발서가 본격적으로 각광받은 시기에 직장 생활을 시작하면서 현재에 이르기까지 모두 경험했습니다. '낀 세대'이기도 합니다. MZ 세대와의 사상적 차이도 경험합니다. '라떼는 말이야'의 주인공으로 종종 등장합니다. 그렇다면 우리는 앞으로 어떻게 살아야 할까요? 내가 이루어 놓은 것을 즐기면서 으스대고 사는 것이 정답일까요? 아니면 여전히 불안한 미래를 생각하며 계속 개미처럼 일해야 할까요?

나의 경험이
과거의 영광으로 남지 않으려면

"덕이 흘러서 나아가는 것은 역참을 통해서 명령을 전달하는 것보다 빠르다."

맹자는 공자의 말을 인용하면서 말했습니다. 이 말이 해답을 제시한다고 생각합니다. X 세대는 '낀 세대'이지만 그만큼 사회를 바꿀 수 있는 역할을 할 수 있습니다. 386세대와 MZ 세대의 가교 역할을 하면서 덕을 베푸는 것이 어떨까요? 내가 가진 지식과 재능을 기부해도 되고, 물질적인 기부를 통해서 다음 세대가 더 성장할 수 있도록 돕는 것입니다. 요새는 남을 돕는 자선 활동도 보다 정교화되어서 보다 다양한 채널로 도움을 줄수 있습니다. 앱을 통해서 쉽게 그리고 보다 투명하게 기부 활동을 할 수 있습니다. 재능 기부도 종종 일어납니다.

비싼 외제 차를 타고, 화려한 복장을 하고, 달콤한 향수를 뿌리며 사는 것도 자기 성취와 만족을 느낀다면 좋습니다. 하지만 오직 누릴 수 있는 것이 그것밖에 없다면 문제입니다. 전 세계 럭셔리 사업에 기여하고 루이비통이 속한 LVMH 그룹의 매출에 기여하고, 회장이 전 세계 1위 부자가 되도록 만들 수도 있지만 조금 더 시야를 넓히면 어떨까요?

그 기반에는 역시 측은지심이 있습니다. 측은지심은 '사단'의 하나입니다. 사단은 인간의 본성입니다. 본성은 잎사귀와 같고, 그 잎사귀가 잘 자라도록 노력하는 것이 공부입니다. 사람이 선한지 악한지는 여전히 논란의 여지가 많습니다. 인류가 존재하는 한 답을 찾을 수 없을 것입니다. 하지만 사람들은 불인인지심(不忍人之心), 즉 '남들의 불행을 참지 못하는 마음'을 대부분 가지고 있습니다.

맹자가 예를 든, 우물을 향해 기어가는 아이를 향해서 사람들이 느끼는 불안감과 마찬가지입니다. 어느 날 아이가 아장아장 기어서 우물로 기어가고 있습니다. 아이는 우물에 빠지면 죽는다는 사실은 모른 채 본능적으로 앞으로 나아가고 있습니다. 가만히 놔두면 아이는 우물에 빠질 것입니다. 보통의 사람이라면 우물을 향해 돌진하는 아이를 보면 당연히 만류하고 싶은 마음이 들 것입니다. 차도에 공이 떨어져서 이를 다시 가져가려는 아이를 보면서 위기감을 느끼는 것도 마찬가지입니다. 그 근본은 나의 가정에서 먼저 시작합니다.

맹자가 말했습니다.

"우리 집 노인을 노인으로 대우해서 남의 집 노인에게까지 미치고, 내 집에 아이를 아이로 사랑해서 남의 집 아이에게까지 미친다면 천하를 손안에 두고 움직일 수 있다."

종국에는 "은혜를 베풀면 충분하게 사해를 보호할 수 있고, 그렇지 않다면 내 아내와 자식조차도 보호할 수 없다"라고 맹자는 주창했습니다.

나의 덕을 내 집에서, 그리고 밖으로 뻗어나가게 하는 것이 50대를 살아가는 사람들에게 가장 중요한 가치이지 않을까 싶습니다. 비단 내 가정의 평화와 행복뿐만 아니라 이는 사회에 기여를 하는 행위이기도 합니다. 이러한 덕의 향기는 빠르게 그리고 오랫동안 전파됩니다. 인생을 보다 가치 있게 사는 방법입니다. 만약 지금 무기력함을 느끼거나 또한 고단함을 느낄 때 나의 덕에 대해서 한번 생각해 보시지요. 덕의 크기는 중요하지 않습니다. 자신의 형편에 맞추면 됩니다. 그것을 행하는 것과 하지 않는 것의 차이만 있을 뿐입니다.

자존심은 남이 세워 주고
자존감은 내가 세워 준다

❖❖❖

내가 노나라 군주를 만나지 못한 것은 하늘의 뜻이다. 어찌
장 씨 아들이 나를 만나지 못하게 할 수 있겠는가?
吾之不遇魯侯 天也 臧氏之子焉能使予不遇哉
오지불우로후 천야 장씨지자언능사여불우재

<양혜왕 하>

나이와 반비례하는 것은 무엇이 있을까요? 자존감입니다.
사람에 따라서 다르겠지만 대부분 20대, 30대에는 큰 꿈을 가
지고 새롭게 도전하려는 의지와 함께 자신감도 충만할 겁니다.
마흔에 이르러서 그러한 자신감이 더 높아지는 사람도 있고,
반면 점차 만만하지 않은 현실의 장벽을 느끼면서 자신감이 위
축되는 사람도 있습니다.

50대에 자존감이 낮아지는 가장 큰 원인은 사회에서의 위치입니다. 승진하거나 사업이 궤도에 올랐을 때는 자신만만하지만 동료들이 하나둘씩 회사를 떠나고 후배들이 자신의 상사가 될 때, 또는 조기 은퇴를 하게 되면 더욱 자존심이 상하고 자존감도 떨어집니다. 사회에서 나의 위치는 점차 희미해지고 가정에서의 존재감도 마찬가지라면 어떨까요?

은퇴해서 하루 식사 세 끼를 다 챙겨 주어야 하는 남편을 빗대 '삼식이'라고 하는 우스갯소리가 있습니다. 가장의 권위는 '전설의 고향' 이야기가 되었습니다. 옛날에는 평생 가정의 생계를 힘들게 책임졌던 가장에 대한 존중이 있었습니다. 더군다나 은퇴 후 보통 60대나 70대에 세상을 떠났기 때문에 그만한 대우를 받았습니다. 그런데 이제는 100세 시대이고, 결혼 가구의 절반이 맞벌이입니다. 은퇴를 했다고 더 이상 집안에 있으면 안 되는 상황입니다.

여성도 마찬가지입니다. 결혼한 커플의 절반이 맞벌이라고 하지만, 여전히 헌신하는 아내와 엄마가 많습니다. 학창 시절 꿈을 포기하고 사랑하는 사람의 배우자로서 최선을 다합니다. 가정주부로서 최선을 다하면서 행복과 기쁨을 느끼면 다행이지만 피로감도 느낍니다. 배우자는 사회생활을 활발하게 하는데 집안일은 대부분 자신이 하고, 그것이 당연하게 여겨진다면 서운함도 느낄 겁니다.

나이가 들수록 더 심해집니다. 일본에서 유행하기 시작한 황혼 이혼이 한국 사회에서도 점차 늘어나고 있습니다. 앞으로 수십 년을 같이 살아야 한다는 부담감이 이유가 될 것입니다. 갈등의 씨앗은 자존심에서 시작합니다. 상대방의 역할을 존중하고 나도 나의 역할에 자부심을 느낀다면 괜찮을 텐데 상대방을 무시하거나 스스로 나 자신에 대한 확신을 잃게 되면 갈등이 더욱 쉽게 생길 것입니다.

일희일비하지 말고 하늘의 뜻으로 생각하라

맹자는 공자만큼 홀대당하지는 않았습니다. 그와 그의 제자들은 강력한 싱크 탱크 역할을 하면서 주변국에 초대를 받았습니다. 하지만 때로는 좌절을 겪기도 했습니다. 그럴 때 맹자는 어떻게 했을까요?

맹자가 60세를 훌쩍 넘긴 후 노구를 이끌고 마침내 제나라를 떠날 때 일입니다. 더 이상 그의 조언이 받아들여지지 않자 객경의 신분을 버리고 다시 고향 노나라로 돌아가고자 했습니다.

제자 충우가 길에서 조심스럽게 여쭈었습니다.

"스승님, 안색이 달갑지 않으신 기색입니다. 예전에 스승님께서는 '군자는 하늘을 원망하지 않고 사람을 탓하지도 않는다'고 하셨습니다."

그러자 맹자는 500년마다 반드시 성군이 나타났고, 주나라

이후로 이미 700년이 지났으니 가능할 것이라고 했습니다. 그러면서 안타까운 듯 이야기했습니다.

"만약 천하를 태평성대로 만들려고 한다면 지금 세상에서 성군을 도울 사람이 나 외에 누가 있겠는가? 내가 어찌 하늘을 원망하겠느냐?"

맹자는 자신의 뜻을 펼치지 못함을 안타까워하지 않고 이를 수용했습니다. 또한 자신에 대한 믿음도 있었습니다.

어느 날 제자 공손추가 스승에게 질문했습니다.

"스승님이 제나라에서 요직을 맡는다면 과연 관중과 안자 정도의 공적을 다시 펼칠 수 있겠습니까?"

제나라의 관중과 안자는 제나라 역사상 가장 위대한 재상으로 꼽히는 인물입니다. 이렇게 역사적인 인물과 비교를 당하면 기가 죽을 만도 한데 맹자는 떳떳했습니다.

"자네는 제나라 사람이라서 관중과 안자만 아는구나. 관중은 (증자의 손자) 증서조차도 비교가 되고 싶지 아니한데, 그대는 내가 그와 비교되기를 원한다는 말인가?"

맹자의 자신감이 전혀 근거가 없지 않습니다. 합리적인 이유도 있습니다. 제나라는 이미 1,000리를 넘는 땅을 가지고 있고 백성도 많고 물자도 풍족했기 때문에 "왕 노릇 하는 것은 손바닥을 뒤집는 것처럼 쉽다"라고 했습니다. 왕이 그러한데 재상도 마찬가지라는 것입니다. 더군다나 주변국들의 백성은 헐벗고 굶주리는 그야말로 '좋은 때'라고 했습니다. 이러한 시기에 왕도 정치를 실행한다면 주변국은 자연스럽게 복종할 것이었습니다.

비록 우리는 대부분 맹자처럼 식견이 뛰어나지는 않지만 험난한 세상을 헤쳐 온 지혜가 있습니다. 그렇기 때문에 나를 믿고 자신감을 가질 필요가 있습니다. 나중에 경제적인 능력이 사라지더라도 마냥 위축될 필요는 없습니다. 공부하고 수양하면서 나에게 주어진 현실을 담담하고 겸허하게 받아들이고, 나의 능력을 펼치기 위해서 노력하면 됩니다.

맹자는 부동심의 마음을 가지고, 호연지기의 기상을 가지고, 대장부의 자세를 잊지 않았습니다. 그랬기 때문에 힘든 고난에 부딪혀도 좌절하지 않고 앞으로 나아갔고, 비록 그 뜻을 생전에는 이루지 못했지만 종국에는 위대한 사상을 후대에 남겼습니다.

지금이 아니라면
언제 하겠는가?

———— ❖❖❖ ————

만약 도의가 아닌 것을 알고 있다면 당장 그만두어야지 어떻게 이듬해까지 기다리겠는가?

如知其非義 斯速已矣 何待來年
여지기비의 사속이의 하대래년

<등문공 하>

얼마 전에 예전 동종 업계의 선후배 모임이 있었습니다. 가족과 떨어져서 살지만 이직 후 승승장구하는 후배, 힘들지만 새로운 회사 일에서 중추적인 역할을 맡은 후배, 열심히 자신과 학교를 홍보하는 후배, 그리고 가정에 충실하면서 회사 생활을 하는 후배 등. 제가 가장 연장자였고 모인 사람들 각자가 다른 분야에서 최선을 다해 열심히 살고 있었습니다. 식사를

하고 계산을 할 때 가장 어린 후배를 제외하고는 공평하게 나누어서 돈을 냈습니다. 아마 그 후배는 앞으로도 부담 없이 모임에 참여할 것 같다는 생각이 들었습니다.

단지 선배이기 때문에 베풀라는 것은 아닙니다. 다만 가끔씩 후배들과 식사를 할 때는 후배들의 인생 상담도 해 주고, 기꺼이 지갑을 여는 아량도 보여 줄 필요가 있습니다. 그렇게 해야 후배들도 다시 나이 든 선배를 만나고 싶다는 생각이 들 테니까요.

그런데 사람들은 기본적으로 미루는 습성이 있습니다. 지금은 준비가 안되었으니 나중에 또 나중에, 그러다가 어느 시점이 되면 인간관계가 끊겨 있습니다. 인간관계뿐만 아니라 모든 일을 이런 식으로 미루다가는 어느새 죽을 날을 기다리게 될 것입니다. 내일 어떤 일이 벌어질지 모르는데도 우리는 내일로 자꾸 미룹니다. 나의 꿈과 계획뿐만 아니라 타인에게 베푸는 행위도 마찬가지입니다. '나중에 돈을 더 벌면, 내가 더 높은 자리에 오르면' 등등.

인을 행하는 데는 때가 따로 없습니다. 지금 실천하는 마음 자세가 필요합니다. 경제적인 것이 아니더라도 베풀려는 마음가짐을 갖는다면 세상과 나 자신을 바라보는 관점도 바뀝니다.

제가 귀감으로 삼고 종종 인용하는 '일본 경영의 신' 이나모리 가즈오 회장의 어록 중에서 이러한 말이 있습니다. 《왜 리더인가》라는 책에서 나온 내용입니다.

"나만 좋으면 된다는 이기심을 진아와 대비해서 '자아'라고 부른다. 우리 인간의 마음에는 진아와 자아, 즉 이타심과 이기심이라는 상반된 두 마음이 함께 기거하며 대립하고 있다."

그는 궁극적으로 우주에는 긍정과 이타의 에너지가 가득 차 있다고 말했습니다. 이러한 이타의 마음을 갖는 회사는 정상으로 올라가지만, 그렇지 않은 회사는 갑자기 업계에서 사라진다고도 했습니다. 결국 경영자라면 직원의 행복을 위하고, 그 목표를 실현한 뒤에는 고객과 거래처, 지역 사회로 공헌의 대상을 넓혀야 한다는 것이 그의 주장입니다.

도의가 아니면 당장 그만두고
도의라면 당장 시작하라

맹자도 왕이나 제후가 자신의 이익만 고집할 것이 아니라 그 시선을 신하와 백성에게 돌려야 한다고 늘 강조했습니다.

맹자가 말했습니다.
"만약 도의가 아닌 것을 알고 있다면 당장 그만두어야지, 어떻게 이듬해까지 기다리겠는가?"

이 말의 배경은 다음과 같습니다.
송나라의 대부 대영지가 세금을 줄이고 없애는 것은 당장 할 수 없으니 세금을 경감하면서 이듬해를 기다리는 것이 어떻겠냐고 타협안을 제시했습니다. 그러자 맹자는 역시 다음과 같이 비유를 들면서 단호하게 대답했습니다.

"지금 어떤 사람이 날마다 남의 집 닭을 훔쳐서 다른 이가 그에게 '그것은 군자의 도리가 아니다'라고 충고하자 그는 '그 수를 줄여서 매달 닭 한 마리를 훔치고 다음 해에 그만두겠다'라고 했다."

맹자는 도의가 아니면 지금 당장 그만두어야 한다고 역설했습니다. 송나라에서 백성들에게 매기는 과중한 세금을 줄이고 잘못된 세금 정책을 없애겠다면 지금 당장 시행하라는 것입니다. 그렇게 해야 백성들의 고단한 삶도 나아지고 군주의 은덕을 칭송할 것이니까요.

만약 내가 인을 행하기에 적합한 지위가 아니라고 생각한다면 다음의 예를 들 수 있습니다. 이윤은 은 왕조 설립에 지대한 역할을 한 명신입니다. 그는 요리사 출신이었습니다. 당시는 하나라 말기로 세상이 어지럽고 혼란스러웠습니다. 그는 세상을 바꾸고 싶은 마음이 있었기 때문에 기회를 엿보다가 주군의 딸이 훗날 탕왕에게 시집을 가자 솥을 지고 요리사로 따라나섰습니다. 그는 음식을 만들어 왕에게 바쳤습니다. 평소 그의 지혜를 잘 알고 있었던 탕왕은 그를 신임하여서 높은 자리에 앉혔습니다. 마침내 이윤은 탕왕을 도와서 하나라의 폭군 걸왕을 몰아내고 은나라를 세우는 데 지대한 공을 세웠습니다. 훗날 명신으로 칭송받는 이윤도 요리사라는 비천한 신분이었지만 백성들을 안타깝게 여기던 인의 마음으로 세상을 바꾸는 데 기여할 수 있었습니다.

이윤의 이야기는 여기서 끝이 아닙니다. 훗날 탕왕의 손자이면서 세 번째 임금인 태종이 포학하고 방탕하게 굴며 충언을 듣지 않자 정국의 안정을 위해서 그를 축출했습니다. 3년이 지난 뒤 그가 진심으로 자신의 잘못을 반성하자 이윤은 태종에게 한 번 더 기회를 줍니다.

이윤은 태종을 복위시키면서 이러한 글을 지었습니다.

"하늘이 만든 재앙은 오히려 피할 수 있다. 하지만 스스로 만든 재앙에서는 살아날 수 없다."

자신도 탕왕에게서 기회를 받아서 출사하여 재상이 될 수 있었기 때문에 누구든지 늦은 때란 없다고 생각한 것입니다. 적어도 스스로 재앙을 만들어 내지만 않는다면요.

맹자는 "인하면 영화롭고 인하지 않으면 모욕을 받을 것"이라고 말했습니다. 그러면서 위정자는 덕을 귀하게 생각하고 훌륭한 선비의 지위를 높이라고 조언했습니다. 어질고 능력 있는 사람이 일을 맡는다면 백성들은 태평성대를 외치고 주변의 강대국도 두려워할 것이라고 했습니다.

이렇게 인은 치세의 덕이라고 할 수 있지만, 사실 인은 작은 것에서부터 시작합니다. 인생의 절반쯤 왔다면 조금 더 주변을 살필 필요가 있습니다. 나와 나의 가족뿐만 아니라 내가 도움을 줄 수 있는 곳을 찾아보면 어떨까요? 대단하게 생각하지 않아도 됩니다. 가족을 위해서 청소나 빨래, 설거지를 해도 되고, 이웃을 위해서 떨어진 쓰레기를 줍고, 엘리베이터나 문을 잡고 기다려 주는 것도 작은 인의 행위입니다.

삶은 각박하고 몸과 마음의 여유는 별로 없습니다. 주말이 되면 피곤함을 잊기 위해서 쉬거나 나를 위한 시간을 더 가지고 싶을 겁니다. 그런데 인의 마음을 가지고 이를 실행한다면 오히려 나의 몸과 마음이 더 충만해짐을 느낍니다. 내 삶의 의미와 목적, 가치를 알게 됩니다. 이윤이 뒤늦게 출사를 한 것처럼, 탕왕의 아들 태종에게 기회를 준 것처럼 아직 늦지 않았습니다. 인을 행하기에는 늦지 않았습니다.

남에게 진심을 다하는 사람은
자신에게 진심을 다하는 사람이다

───────◆◆◆───────

사람들은 모두 남에게 차마 하지 못하는 마음을 가지고 있다.

人皆有不忍人之心

인개유불인인지심

<공손추 상>

다른 이들에게 사랑과 존경을 받는 이들의 공통점은 바로 공감 능력이 있다는 것입니다. 다른 사람의 마음을 잘 헤아리고 배려하고 경청합니다. 이러한 분들은 사회적으로, 경제적으로 성공한 사람이 아닐 수 있습니다. 오히려 성공한 사람들 중에는 공감 능력이 떨어지는 사람들도 많이 있습니다.

그럼에도 우리는 이상적인 사람을 찾으려고 합니다. 능력도 있고 다른 사람들을 배려하는 따뜻한 마음도 가진 사람들을 말이지요. 중화권에서 '경영의 신'으로 불리는 대만 제일의 갑부인 왕융칭 포모사 회장을 예로 들겠습니다.

그는 1954년 30대 후반에 포모사 플라스틱을 세웠고, 이 회사를 대만을 대표하는 대기업으로 성장시켰습니다. 현재 이 기업은 다양한 분야에서 사업을 영위하고 있고, 직원 수도 10만 명이 넘습니다. 왕융칭이 세상을 떠날 때는 9조 원을 기부할 정도로 선행을 베풀었습니다.

그는 비록 찢어지게 가난한 집에서 태어났지만, 자신의 사업을 하기로 결심했습니다. 가난한 농부인 아버지는 돈이 없었지만 빚을 내서 아들이 쌀가게를 내도록 도왔습니다. 하지만 동네에 쌀가게가 30여 개나 되었고, 그가 차린 가게는 골목의 외진 곳에 자리 잡았습니다. 곧 망하지 않으면 이상할 정도였습니다.

하지만 그는 불리한 조건에서도 마음을 다잡고 차별화를 시작했습니다. 당시만 해도 쌀에는 돌이 섞여 있어서 밥을 하기 전에 돌을 골라내야 했습니다. 아마 나이 드신 분 중에는 어렸을 적 어머니가 돌을 골라내시던 장면, 그리고 밥을 먹다가 돌을 씹은 기억이 있을 겁니다. 그래서 왕융칭은 "돌 없는 쌀을 팝니다"라는 광고를 했고, 직접 쌀자루를 둘러메고 가정을 방문해서 쌀을 팔기 시작했습니다. 당시에 흔하지 않던 쌀 방문 판매 서비스였습니다. 또한 가정의 가족 수와 식사할 때 양을 확인해서 이를 데이터 베이스화했습니다. 쌀이 떨어질 때쯤 찾아가서 미리 배달을 했을 정도입니다. 요새 활성화된 구독 서비스를 그는 아주 일찌감치 시작했습니다.

여기까지만 본다면 그를 장사 수완이 좋은 사업가 정도로만 생각할 수 있습니다. 하지만 그는 당시 형편이 어려운 집에 외상으로 쌀을 제공했습니다. 자신이 가난하게 살았기 때문에 가난한 사람들의 사정을 잘 이해하고 공감했습니다. 그의 서비스 정신과 자비심은 불인인지심에서 나왔습니다. '사람들은 모두 남에게 차마 하지 못하는 마음을 가지고 있다'는 뜻입니다. 이를 더 풀어서 설명하면 다른 사람의 불행을 참지 못하는 마음입니다. 남이 곤란한 일을 당할 때 돕고 싶다는 마음이 바로 그것입니다. 이러한 마음은 가족과 친지, 친구부터 시작해서 사회로 확대됩니다.

맹자가 말하는
마음의 뿌리

나이 오십이 되면 더 그런 생각이 듭니다. 사회에서 수십 년간 경험을 쌓으면서 내가 하는 업에 익숙해졌고, 그 이상의 무언가를 추구하고 싶다는 마음이 들기도 합니다. 또는 이대로 사는 것이 맞는지 스스로 철학적인 질문을 하게 됩니다. 나의 존재 이유, 나와 가족만 잘살면 행복한 것인지에 대해서도 말입니다.

맹자가 역설했듯이 우물을 향해 기어가는 어린아이를 구하려고 하는 것은 어떤 목적이 있기 때문은 아닙니다. 그 아이를 구해서 부모와 친분을 맺으려는 것도 아니고, 동네 이웃이나 친구들에게서 명예를 얻기 위한 것도 아니고, 비난하는 소리를 듣기 싫어서도 아닙니다.

맹자는 이렇게 말했습니다.

"측은해하는 마음이 없으면 사람이 아니고, 부끄러워하고 미워하는 마음이 없으면 사람이 아니고, 사양하는 마음이 없다면 사람이 아니고, 옳고 그름을 따지는 마음이 없다면 역시 사람이 아니다."

측은해하는 마음이 곧 인의 단서고, 부끄러워하고 미워하는 것이 의로움의 단서고, 사양하는 마음은 예의 단서고, 옳고 그름을 따지는 마음은 지혜의 단서라고 했습니다. 우리가 어릴 적부터 들은 '인의예지'가 바로 사람 마음의 네 가지 뿌리와 단서, 즉 사단이라고 합니다.

맹자의 사상에서 가장 중요한 축인 사단은 우리의 인생에서 중요합니다. 사단을 매일 되뇌고 실천한다면 그 사람은 진정한 어른이 될 수 있다고 생각합니다. 그중에서 가장 중요한 뿌리는 바로 인입니다. 인의 정신은 곧 사랑이고, 이는 나와 남에 대한 사랑입니다.

나이 오십이 되어서도 여전히 공감 능력이 떨어진다면 인의 마음을 한 번 더 생각해 보면 어떨까요? 이웃이나 아이들을 향해서 웃음을 짓고, 이들의 고충을 잘 헤아리려는 마음가짐을 말이지요. 물론 쉽지는 않습니다. 반평생을 오직 자신의 성공과 가족의 안위를 위해서 살아왔다면 다른 곳으로 시선을 돌리기가 쉽지 않습니다. 하지만 인의 마음을 가지고 공감 능력을 키운다면 그것은 나의 가족에게도 적용될 것입니다.

맹자는 이렇게 강조했습니다.

"이 네 가지 단서를 채운다면 충분히 천하를 보호할 수 있고 이것을 채우지 못한다면 부모조차 섬길 수 없을 것이다."

인의 마음은 종국에 진실한 마음을 가지고 상대방의 마음을 공감하는 데서 출발한다는 의미입니다.

오십이라면 인의 정신에 대해서 다시 한번 생각할 시기입니다. 이제 한 번 더 나의 마음의 뿌리인 인을 생각해 보시지요. 인은 결국 공감의 다른 말이기도 합니다.

나에게 오는 일은
막을 수 없다

❖❖❖

군주께서 저들에게 어떻게 하겠습니까? 단지 최선을 다해서
선을 실행할 뿐입니다.
君如彼何哉 彊爲善而已矣
군여피하재 강위선이이의

〈양혜왕 하〉

식당에서 할아버지가 갑자기 저혈당으로 쓰러지는 일이 발
생했습니다. 식당 주인의 아버지였습니다. 당황한 아들 내외는
아버지의 의식을 차리게 하기 위해서 동분서주했습니다. 그때
바로 앞 테이블에서 식사를 하던 여성이 서둘러 응급 처치를
했습니다. 빠르게 조치한 덕분에 할아버지는 생명을 구했습니
다. 이 여성은 근처 요양 병원에서 근무하는 간호사로 야근을

하기 전에 식당에 들렀다고 합니다. 식당 주인은 감사한 마음을 표시했고, 언제든지 무료로 식사를 대접하겠다고 했습니다.

어느 유명한 야구 해설 위원은 100억 원대 건물의 매각 사기를 당해 심각한 빚을 지고 나서 생을 마감했습니다. 자신이 믿었던 지인에게 일을 맡겼다가 사기를 당한 것입니다.

저의 어머니도 금전적인 사기를 당해서 마음고생을 많이 했습니다. 믿고 있던 사장에게 배신을 당한 것이었습니다. 어머니는 절에 다니면서 마음을 수양하고, 용서하며 평정심을 유지하려고 노력하고 있습니다. 하지만 한번 상처받은 마음이 예전처럼 돌아가기는 힘들 것입니다.

우리는 늘 선과 악의 경계에 살고 있습니다. 좋은 일도 있지만 나쁜 일도 같이 발생합니다. 기쁠 때도 있지만 상처를 받고 고통스러울 때도 많습니다. 그렇다면 우리는 어떻게 해야 할까요?

어쩔 수 없는 일로 걱정하지 말고 내가 할 수 있는 일을 하라

등나라의 제후 문공이 맹자를 만났을 때입니다.

"등나라는 작은 나라이고, 제나라와 초나라 사이에 있습니다. 우리는 제나라를 섬겨야 할까요? 아니면 초나라를 섬겨야 할까요?"

등나라는 당시 강대국에 둘러싸인 소국에 불과해 강대국의 눈치를 보고 늘 노심초사할 수밖에 없었습니다. 바람 앞에 놓인 등잔불처럼 언제 꺼질 줄 몰랐습니다. 이러한 상황에서 맹자는 어떤 조언을 했을까요?

"군주께서 저들에게 어떻게 하겠습니까? 최선을 다해서 선을 실행할 뿐입니다."

이 핵심적인 말 앞에 다른 설명도 있었습니다.

"어느 나라를 섬길지에 대한 계책은 제가 언급할 수 있는 것이 아닙니다. 만약 제가 이야기해야 한다면 이렇게 말씀드립니다. 연못을 파고 성을 높이 쌓아서 백성들과 함께 목숨을 바치더라도 백성이 떠나지 않는다면 이것은 해 볼 만합니다."

그러자 등문공이 이어서 말했습니다.

"제나라 사람이 설 땅에 성을 쌓으려고 합니다. 저는 매우 두려운데 어떻게 하면 좋을까요?"

맹자가 대답했습니다.

"옛날에 태왕(주나라 문왕의 할아버지)이 빈 땅에 사실 때 오랑캐가 쳐들어오자 그는 백성들의 안위를 위해서 그곳을 떠나 기산 기슭에서 사셨습니다. 어쩔 수 없이 그런 것입니다. 만일 선을 행한다면 후대의 자손 중에 반드시 왕의 자질을 갖춘 자가 있을 것입니다. 그렇기 때문에 군자는 업적을 이루고 전통을 이어 가면 됩니다. 공을 이루는 것은 하늘의 뜻이니 저들을 어찌하겠습니까? 최선을 다해서 선을 실행할 뿐입니다."

맹자는 사태의 본질로 접근해서 장기적인 해결책을 제시했습니다. 작은 나라가 살아남기 위한 방법으로 왕보다는 백성을 우선하고 덕을 쌓으면 된다고 했습니다. 이렇게 덕을 쌓다 보면 좋은 군주가 나올 것이고, 그 군주가 나라를 다시 부강하게 만들 것이라는 이야기였습니다.

우리 인생도 마찬가지인 것 같습니다. 단기적인 해결책은 지속 가능하지 않습니다. 지금 당장 어렵고 힘들더라도 보다 큰 그림을 보고 인생을 설계할 필요가 있습니다. 당장 이득이 되지 않더라도 덕을 쌓고 베풀다 보면 나만의 '복리'도 쌓게 마련입니다.

"3대가 덕을 쌓아야 볼 수 있다."

어떤 절경이 있는 곳에 가면 듣는 우스갯소리입니다. 조상의 은덕이 있어야 아름다운 광경을 볼 수 있다는 것입니다. 덕을 쌓는 것은 결코 쉽지 않지만 나의 의지로 행할 수 있는 일이기도 합니다. 만약 지금 당장 해결하기 어렵거나 난감한 일이 있다면 '덕을 쌓는다'는 마음가짐으로 세상일을 대하면 어떨까 싶습니다. 그렇게 하다 보면 잘 풀리지 않던 일도 차츰 풀리는 것을 느낄 수 있을 것입니다.

저의 어머니는 여전히 주변에 베풀면서 살고 계십니다. 자식들과 손주들의 무사 안녕을 위해서 기도하고 절에 시주를 합니다. 설교하는 스님의 목이 아프지 않도록 목 스프레이도 선물로 주십니다. 주변 동네 어르신들에게는 농산물을 나누어 주고 맥주를 한 턱 쏘면서 회포를 풀고는 합니다. 비록 과거에 믿었던 사람으로부터 배신당한 상처를 치유하기는 힘들지만 다른 선한 행동으로 이를 상쇄하고 있습니다. 상처의 자국은 남겠지만 베풀고 덕을 쌓으면서 삶의 의미를 찾게 될 것입니다.

사회생활도 마찬가지입니다. 살면서 누군가에게 사기를 당할 수도 있고, 음해와 모략의 희생양이 될 수 있습니다. 세상에는 악한 사람들도 있습니다. 이를 원망하기보다는 나의 덕을 쌓아서 선한 사람들로 주변을 채우길 바랍니다. 그렇다면 나를 도와주는 사람도 나타나기 마련입니다. 내가 최선을 다해서 덕을 쌓고 선을 실행하는 것은 가장 단순한 진리입니다.

5장

어떻게 흔들림 없이
살 수 있을까?

오십의 호연지기

자신의 마음을 남김없이 실현하는 자는
자신의 본성을 이해하게 된다.
자신의 본성을 이해하면 하늘을 이해하게 된다.

맹자

어린아이의 마음을
찾아라

------◈◈◈------

대인은 어린아이의 마음을 잃지 않은 사람이다.

大人者 不失其赤子之心者也

대인자 불실기적자지심자야

<이루 하>

베이비붐 세대 이후 태어난 1965년생부터 1980년생까지가 X 세대입니다. 이제 X 세대는 40대 중반부터 60대에 이르렀습니다. 아날로그에서 디지털의 전환을 경험해서 '디지털 이주민'이라고 부르기도 합니다. 이 중에는 은퇴한 분들도 있지만 여전히 사회에서 중추적인 역할을 하는 분들도 많습니다. 짧게는 20여 년에서 길게는 30여 년간 사회생활을 한 X 세대가 바라보기에 지금 세대의 다른 가치관이 다소 이해가 되지 않을 수 있습니다.

특히 개인보다는 조직을 우선시하는 문화에서 자란 X 세대라면 더욱 그럴 것입니다.

X 세대는 한강의 기적으로 불리는 고도 성장기와 함께 IMF, 9·11 테러, 이라크 전쟁, 리먼 브라더스 사태 등 자본주의, 자유 민주주의의 위기를 모두 겪은, 대한민국의 복잡한 정치 역사와 함께 롤러코스트 같은 인생을 산 세대이기도 합니다. 한 남자의 인생을 통해서 대한민국의 암울한 역사를 보여 준 영화 〈박하사탕〉이 X 세대가 공감할 만한 내용입니다. 이렇게 대변화를 겪은 X 세대, 그중에서 50대는 어떠한 마음가짐으로 살아야 할까요? 이를 《맹자》에서 실마리를 찾았으면 합니다.

오십 이후 기쁘고 행복하게 사는 사람들의 비결

"대인은 어린아이의 마음을 잃지 않은 사람이다."

이 문장은 두 가지로 해석할 수 있습니다. 맹자가 활약했던 전국 시대에 대인은 '군주'를 뜻하고, 어린아이는 '백성'을 뜻합니다. 즉 '군주는 백성의 마음을 이해하고 잃지 말아야 한다'는 의미입니다. 이를 조금 더 깊게 해석하면 '마음이 넓고 뜻이 큰 사람(대인)은 어린아이와 같이 순수한 마음이 변하지 않아야 한다'는 뜻입니다.

나이 오십에 이르면 나를 포함해서 대부분의 사람들이 변합니다. 나는 그렇지 않다고 생각해도 막상 남들의 시선에는 그렇습니다. 세월의 흐름에 따라서 변화가 긍정적이라면 다행입니다. 온갖 풍상을 겪으면서 나에게 무엇이 정말로 소중한지, 진정한 가치가 무엇인지를 발견했다면 그 인생은 성공적이었다고 자축할 만합니다.

하지만 그 반대라면 어떤가요? 더욱더 높은 지위와 명예, 부를 누리기 위해서 수단과 방법을 가리지 않고, 허례와 허식을 추구하는 사람들과 어울리지는 않는지요? 다른 사람들의 고통은 외면하고 오직 나와 나의 가족만 잘 먹고 잘살면 된다고 생각하는지요? 혹시 그것이 성공한 인생이라고 착각하고 있지는 않은지요?

50대는 욕망이 가득해질 수도 있지만 한편으로는 한없이 무기력해질 수도 있습니다. 아무리 노력해 보았자 되는 일은 없고, 내가 이룬 것도 별로 없는 것처럼 보입니다. 예순을 바라보며 희망이 없다고 생각합니다.

이러한 가치관으로 MZ 세대를 바라보면 어떨까요? 자신이 쌓아 둔 성을 철옹성으로 만들기 위한 수단으로 생각할 수 있고, 내가 쌓은 성을 빼앗을 경쟁자로도 바라볼 수 있습니다. 내가 이룬 것이 있든 없든 기득권이 되어 버리면 아무래도 방어적이 될 수밖에 없습니다. 그럴 때는 맹자의 말을 되새기면 좋겠습니다.

大人者 不失其赤子之心者也

대인자 불실기적자지심자야

여기에서 赤子(적자)는 빨간 아이, '갓 태어난 아기'를 의미합니다. 아기는 순수합니다. 세상을 이제야 만났기 때문에 어떤 영향도 받지 않을 것입니다. 그런 아이는 선한 존재입니다. 맹자가 주장하는 성선설의 기본입니다. 아이가 남을 비방하거나 이기심을 가지고 악한 행동을 할 수 없습니다.

어린아이는 편견이 없습니다. 사람을 있는 그대로 받아들입니다. 부자든 가난한 사람이든 상관없이 호기심을 가지고 대합니다. 상대방이 아이를 호의적으로 바라본다는 가정하에서입니다. 아이를 예뻐하면 아이도 거기에 반응해서 사랑을 줍니다.

또한 아이는 열정이 가득합니다. 아무리 뛰어도 지치지 않습니다. 해가 질 때까지 놀고, 집에서 쓰러져서 잠이 듭니다. 놀이에 몰두하고 다른 것은 생각하지 않습니다. 같이 노는 어른이나 친구의 재산, 명예가 어떤지는 계산하지 않습니다. 나와 잘 놀아 주고 즐겁게 웃어 주는 사람이 좋을 뿐입니다. 맹자는 그런 순수한 마음가짐을 잘 가꾸고 키워 가는 것이 우리 인간의 삶이라고 말합니다.

수많은 우여곡절을 겪은 세대에게 아이와 같은 마음으로 살라고 하면 무리한 주문이라고 생각할 수 있습니다. 하지만 우리는 그러한 어른들을 가끔 만납니다. 자신의 예술혼을 불태우며 공연장에서 팬들과 함께 호흡하는 가수들도 있습니다. 사람들이 가왕이라고 불러도 교만하지 않고 끊임없이 노력합니다. 더 높은 경지에 오르기 위해서, 대중에게 더 좋은 음악을 들려주기 위해서 최선을 다합니다. 일흔, 여든을 넘겨도 여전히 관객과 만나기 위해서 소무대에 서는 배우들도 있습니다.

그러한 마음가짐을 가진 어른들은 인생을 대하는 자세와 태도도 다릅니다. 나보다 어린 사람도 함께 어울리고 같이 성장할 친구라고 여깁니다. 내가 세상을 더 오래 살았다고 잘나게만 생각하지 않고 배울 것은 배우는 마음가짐이 있습니다. 오랜 경험에 새로운 지식을 쌓으니 더 즐겁고 열정적으로 살 수 있습니다. 맹자가 결국 하고 싶었던 말이 그것입니다. 아이와 같이 순수함을 가지고 열정적으로 사는 것이 진정으로 기쁨과 행복이 충만한 인생이라고요.

이제 나 자신을 한번 돌아보시지요. 나는 내 경험을 맹신하면서 나보다 나이 어린 사람들의 의견을 무시하고 있는지요? 아니면 이들의 의견을 경청하면서 나의 의견도 제시하여 합의점을 찾고 있는지요? 어릴 적 열정을 기억하고 여전히 열정을 불태우고 있는지요? 아니면 이제는 불이 꺼진 초와 같은 인생을 살고 있는지요?

나와 길이 다른 사람을 보고
주눅 들지 마라

◆◆◆

지조를 굽힌 자는 상대방을 곧게 펼 수 없다.

枉尺而直尋 宜若可爲也

왕척이직심 의약가위야

〈등문공 하〉

나이 들수록 위축되는 것은 피할 수 없습니다. 용기와 용맹함은 점차 사라지고, 집안에서 위치는 갈수록 작아집니다. 그래서 더욱 내가 가진 것을 지키고 싶어 합니다. 은퇴한 후에는 더 그러할 것입니다. 경제권이 있을 때는 목에 힘을 주었지만 그러한 삶이 끝나면 아무래도 예전 같지 않게 됩니다. 목소리는 모기처럼 작아지고 어깨는 수그러집니다. 친구들을 만나서 동병상련을 나누지만 오히려 부정적인 에너지만 더해집니다.

철학자 알랭드 보통이 "완벽한 결혼도 완벽한 파트너도 없다"라고 말한 것처럼 완벽한 인생도 없습니다. 변하는 나의 지위는 자연스러운 현상입니다. 그것을 받아들이는 태도가 중요합니다. 여전히 예전의 나를 생각하면서 현재 상황에 열등감을 느끼고, 사소한 것을 민감하게 받아들이면 오히려 가족 간의 관계가 더 안 좋아질 것입니다.

사실 저도 그랬습니다. 제가 잠시 직장 생활을 쉴 때 집안일을 많이 했습니다. 아무래도 집안일은 젬병이고 평소 그다지 열의가 없었기 때문에 많이 해도 청소와 빨래, 설거지, 집안 정리가 전부였습니다. 남은 시간은 공부를 하거나 책을 읽고 글을 썼습니다. 당연히 좋은 소리를 들을 수 없었고, 저도 사소한 잔소리에 민감하게 반응했습니다. 그때 일이 참 소중하게 느껴졌고 죽을 때까지 일해야겠다는 생각이 들었습니다. 우리나라 최고령 철학자이자 명예 교수인 김형석 교수를 본받아서 저도 예순이 넘은 아이들에게 용돈을 주고 싶었습니다.

그런데 이러한 생각은 잘못된 가치관이었습니다. 더 중요한 것은 인생의 가치를 어디에 두느냐는 것이었습니다. 돈과 지위가 나의 자존감과 연결되어 있다고 생각하면 그것이 사라졌을 때 자존감이 하염없이 추락하게 됩니다. 오히려 평소 검소한 삶을 실천하면서 가족 일에 관심을 두고, 나의 성장과 발전을 위해서 꾸준히 공부하고 노력하는 것이 진정으로 자존감을 유지하는 좋은 방법입니다.

원칙과 신념은
굽힐 수 있는 것이 아니다

맹자는 당당했습니다. 권세가나 권력자에게 아부하지 않고 나라의 안녕과 발전, 백성의 행복을 위해서 바른 소리를 했습니다. 물론 맹자도 왕도 정치가 제대로 실현되지 않아서 의기소침할 때가 있었지만 그래도 목에 계속 힘을 주었습니다. 맹자는 제나라 선왕에게서 희망을 보고 그에게 충언을 아끼지 않았지만, 결국 실망하고 떠났습니다. 고국 노나라로 향하는 마음은 얼마나 무거웠을까요?

맹자는 말했습니다.
"대인을 설득하기 위해서는 그들을 예사롭게 여기면서 높은 지위만 보지 말아야 한다."

이어서 자신은 뜻을 얻을 수 있다면 집의 높이가 몇 길이 되고 서까래가 몇 자가 되든 그렇게 살지 않을 것이라고 했고, 밥상에 진수성찬이 한 길이나 차려지고, 첩이 수백 명이라도 그렇게 살지 않을 것이고, 즐겁게 술 마시고 말을 달려서 사냥하고 따르는 수레가 1,000대나 되도 그렇게 살지 않을 것이라고 했습니다. 그러면서 마지막에 이렇게 말했습니다.
"저들의 모든 것은 내가 하지 않는 것이고, 내가 가지고 있는 것은 옛 선현의 법도이니 내가 무엇 때문에 그들을 두려워하겠는가?"

맹자는 권력자들이 추구하는 것에는 관심이 없고 오직 세상을 인과 의, 예로 바로잡고 큰 정치를 추구했습니다. 그래서 아무리 대인이라도 자신이 추구하는 것과 달리 물질적인 것을 우선한다면 두렵지 않다고 했습니다. 맹자가 당대의 권력자들에게 당당할 수 있었던 이유입니다. 그랬기 때문에 그는 제후들에게 잘 보이려고 아첨하지 않았습니다.

맹자의 제자 중 진대는 맹자가 제후를 잘 만나지 않는 것은 사소한 것에 연연하기 때문이라며 '한 자를 굽혀서 한 길을 곧게 편다'는 말을 이용해서 기회를 잘 활용하기를 바랐습니다.

맹자는 이렇게 대꾸했습니다.
"지조를 굽힌 자는 상대방을 곧게 펼 수 없다."

정말로 통쾌한 일갈이지만 현대 사회에서 현실상 적용하기 어려운 점도 있습니다. 우리는 어릴 적부터 입신양명을 인생의 가장 중요한 가치로 배웠기 때문입니다. 죽어라 공부하는 것도 좋은 학교, 좋은 직장에 취직하기 위함이었습니다. 그렇게 머릿속에 주입되어 살았는데 큰 대의를 위해서 살고, 나보다 더 높은 지위와 권력을 가진 사람들 앞에서 당당하라고 주문하기도 무리일 것입니다.

하지만 나이가 들면서 깨닫는 것이 있습니다. 너무나 당연하지만 모든 인간은 죽음 앞에서 평등하다는 것입니다. 나와 신분이 다른 사람도 죽음은 피할 수 없습니다. 물론 부와 명예를 추구하는 것이 무조건 바르지 않다는 것도 아닙니다. 다만 그 안에 선의가 내포되어 있느냐, 그러한 철학을 가지고 사느냐 안 사느냐의 문제입니다.

다시 나의 문제로 돌아와 보시지요. 살면서 우리는 주눅이 들 때가 있습니다. 접객하는 입장이라면 손님에게 갑질을 당할 수 있고, 직장 상사나 다른 우월한 위치에 있는 누군가에게 갑질을 당할 수도 있습니다. 집안에서도 나의 위치는 점차 작아질 것입니다.

하지만 이때 내가 가지고 있는 순수한 가치를 다시 한번 돌아보고 그 가치를 위해서 노력하고 정진하면 어떨까요? 단지 돈과 지위를 통한 자존감 향상이 아닌 가족의 행복을 위해서 사랑을 베풀고, 양보하고, 노력하고 공부하면서 더 큰 어른이 되면서 갖는 자존감을 말입니다. 나의 수준이 더 높아질 때 작은 일에 태연할 수 있고 돈과 권력 앞에서 의연해질 수 있다고 생각합니다.

욕심을 버리고
물러날 때를 안다는 것

❖❖❖

하지 말아야 할 바를 하지 않으며 욕심내고 바라지 않을 바
를 바라지 않아야 하니 이와 같이 하면 될 뿐이다.
無爲其所不爲 無欲其所不欲 如此而已矣
무위기소불능 무욕기소불욕 여차이이의

〈진심 상〉

우리는 각자의 욕구와 욕망을 충족하기 위해서 삽니다. 공공
선을 위해서 사회봉사를 하려는 고차원의 욕구도 있지만, 대부
분 개인과 가족의 안녕과 발전을 위해서 부와 명예, 지위를 추
구합니다. 다만 그것이 과할 때가 문제입니다. 자리에 연연하게
되고 자리를 지키기 위해서 다른 사람이 자신을 대신하지 못하
도록 사다리를 치우기도 합니다.

자신이 누리는 혜택을 더 오래 가져가기 위해서 일부러 후계자를 키우지 않고 능력 있는 사람들을 해고하는 사람도 있었습니다. 회사는 종국에 지속 가능한 발전을 이룰 수 없게 되고, 나중에 다른 사람이 회사를 경영하게 되면 인재 고갈에 시달릴 수밖에 없습니다. 나이가 들면서 가장 크게 오는 욕심이 바로 자리 욕심입니다. 권력의 위험성은 아무리 강조해도 지나치지 않습니다.

마음이 미치지 못하면
거절한 것이나 다름없다

노인이 된 맹자는 당대의 유명한 학자였습니다. 많은 위정자가 그에게 통치의 가르침을 받고자 했습니다. 가장 적극적이었던 인물이 제나라 선왕입니다. 그는 맹자를 통해서 강력한 왕권을 구축하고 신하와 백성에게 존경받는 왕이 되고 싶었습니다. 약 400여 년 전 제나라 환공 시절, 천하를 주름잡으면서 춘추오패 중 처음 패자가 된 그 시절로 돌아가고자 했습니다.

하지만 그는 맹자의 철학을 진심으로 받아들이지 못했습니다. 맹자는 줄곧 인과 덕으로서 전쟁은 되도록 피하면서 백성을 배부르게 하고 살기 좋은 나라를 만드는 것이 목적이었습니다. 요순 시대의 태평성대를 추구했습니다. 하지만 제선왕은 인한 왕이 아니었습니다. 허명에 빠져서 개인의 영달과 명예를 추구한 왕이었습니다.

맹자는 천자가 인하지 못하면 결코 천하를 보전하지 못한다고 경고했습니다.

"하, 은, 주 삼대가 천하를 얻은 것은 군주가 인했기 때문이고 천하를 잃은 것은 바로 인하지 못했기 때문이다."

맹자는 인의 정신을 강조했지만 제나라 왕은 그것을 실행하지 못했습니다. 제선왕에 실망한 맹자는 높은 지위를 버리고 제나라를 떠나고자 했습니다. 만약 그가 자신만이 왕을 바꿀 수 있다고 생각하고, 그렇기 때문에 제나라에 끝까지 머물면서 높은 지위를 누렸다면 호화롭고 명예로운 죽음을 맞이할 수 있었을 것입니다. 하지만 그는 그렇게 하지 않았습니다. 떠날 때를 알았습니다. 제자들도 그런 스승님을 이해하고 따랐기 때문에 편안하고 안락한 삶을 뿌리치고 떠났습니다.

제선왕은 고민했습니다. 맹자를 옆에 두어야 학문을 숭상하고 덕을 받드는 성군의 이미지를 만들 수 있기 때문입니다. 그런데 한편으로는 맹자의 거침없는 충언이 귀에 거슬리기도 했습니다. 그는 우유부단하게 결정을 못 내렸습니다.

이미 떠난 맹자를 붙잡기 위해서 신하가 한 명 출동했습니다. 맹자가 제나라 수도 임치에서 가까운 주읍에 머물고 있을 때 신하가 다시 돌아와 달라고 간청했습니다. 그런데 맹자는 대답하지 않고 기대어 누워 있었습니다. 그 신하가 불쾌해 하면서 앞으로 다시는 찾아오지 않겠다고 했습니다. 그러자 맹자는 이렇게 말했습니다.

"예전 노나라 목공은 자사의 곁에 받드는 사람이 없으면 자사를 편안하게 못 했다고 여겼소. 그대가 연장자인 나를 생각해 주었으나 그 마음은 자사에게는 미치지 못하오. 그러면 그대가 나를 거절한 것이오? 아니면 내가 그대를 거절한 것이오?"

맹자는 제나라 왕이 자신을 아끼는 마음이 노나라 목공에 못 하기 때문에 맹자가 그 신하와 제나라 왕의 마음을 거절한 것이 아니라 제나라 왕이 자신을 거절한 것이라고 했습니다. 제선왕은 금은보화로 맹자의 환심을 사려고 했지만, 그를 진심으로 아끼지 않았을 뿐만 아니라 그의 의견을 채택하지도 않았던 것입니다.

또 다른 대부인 윤사는 맹자가 제나라를 떠나자 그를 비난하면서 왕이 비록 성군이 될 수 없음을 몰랐다면 그가 현명하지 못한 것이고, 만약 성군이 되는 것이 불가능함을 알고 왔다면 단지 녹봉을 요구한 것이라고 했습니다. 그러면서 맹자가 제나라를 떠나 주읍에 사흘이나 머물면서 빨리 노나라로 돌아가지 않는 것은 옳지 않다고 했습니다.

맹자는 한탄했습니다.

"천 리를 와서 왕을 뵌 것은 내가 원한 것이고, 왕과 추구하는 바가 달라서 떠나는 것도 어찌 내가 바라겠는가? 어쩔 수 없어서 그런 것이다. 내가 사흘 동안 주 땅에 머문 것은 혹시라도 왕이 생각을 바꾸기를 바랐기 때문이다."

그러자 윤사는 "나는 정말로 소인이다"라고 부끄러워하면서 반성했습니다. 맹자는 최선을 다했고 떠날 때를 알았습니다. 그랬기 때문에 부끄러움이 없었고, 그를 질투하고 오해한 사람들은 맹자의 선한 의도를 진정으로 이해하지 못했습니다.

인간인 이상 욕심을 버리기는 힘듭니다. 사회적인 지위가 높아질수록 더욱 그렇습니다. 더 오래 권력과 혜택을 누리고 싶어 합니다. 그것도 본능이기 때문에 어쩔 수 없습니다. 하지만 누군가 말했듯이 "정상에 있을 때 물러나는 것이 가장 아름다운 것"입니다.

물러난 후에는 나의 가치와 목적을 위해서 보람차게 인생을 살면 됩니다. 맹자처럼 후학을 양성할 수도 있고, 사회 활동을 통해서 조금이나마 선한 영향력을 미칠 수도 있습니다. 그러기 위해서는 내가 추구하는 가치가 무엇인지 다시 한번 돌아보아야 합니다. 당장 부와 명예가 목적이라면 거기에는 한계가 있습니다. 끊임없는 욕망에 빠져서 불나방처럼 날아다니다가 결국 허무하게 세상을 떠나게 됩니다.

나 혼자 전부
가질 수 없다

❖❖❖

문왕의 동산은 사방이 70리였지만 나무를 베는 나무꾼도 들어갔고 꿩과 토끼를 잡는 사냥꾼도 들어갔으니 백성과 함께 하신 겁니다.

文王之囿方七十里　芻蕘者往焉　雉兔者往焉　與民同之
문왕지유방칠십리　추요자왕언　치토자왕언　여민동지

〈양혜왕 하〉

우리는 평생 남들과 비교하면서 살게 됩니다. 특히 한국처럼 학연, 지연, 사회적 관계가 중요한 사회일수록 더욱 그럴 것입니다. 인구의 과밀화는 이를 가속화시킵니다. 서울의 인구 밀도는 OECD 국가 대도시 중 압도적인 1위입니다. 1제곱킬로미터당 1만 6,000명 가까이 사니 오죽하겠습니까? 물론 인프라가 잘 갖추어졌기 때문일 것입니다만, 이러한 좁은 공간에 모여 있으니 사람 간의 비교와 갈등이 클 수밖에 없습니다. 동네에서 누가 좋은 유모차를 끌고 다니면 신경이 쓰이고, 아이들이 고급 브랜드 옷을 입으면 역시 눈길이 갑니다. 우리는 욕망과 비교의 블랙홀에서 살고 있습니다.

백성에게 나눌 줄 알았던 주문왕, 독차지만 할 줄 알았던 제선왕

제나라 선왕도 마찬가지 기분이었습니다. 제나라는 주나라 문왕이 나라를 건설하는 데 큰 공을 세운 강태공에게 내린 영지였습니다. 오랜 역사와 전통을 자랑하고, 해안과 인접해 자원도 풍족했습니다. 그 유명한 제나라 환공 시대에는 관중을 등용하여 주나라를 대신해 제후들을 통제할 정도로 막강한 권력을 누렸습니다. 하지만 이후 제나라의 국력은 약해지고 급기야 전 씨에게 왕조를 넘겨주었습니다.

제선왕은 그래도 제자백가를 등용하여 문화를 융성하게 한 업적이 있습니다. 어느 날 제선왕은 맹자에게 이렇게 질문했습니다.

"문왕의 동산이 사방 70리라고 하는데, 그 말이 사실입니까?"

맹자는 이렇게 대답했습니다.

"전해 오는 바에 의하면 그러한 기록이 있습니다."

제선왕은 이때다 싶어서 질문했습니다.

"그렇게 큽니까?"

여기에서 맹자는 한술 더 떠서 이렇게 답했습니다.

"백성들은 오히려 그것이 작다고 여겼습니다."

왕의 동산 면적이 70리라면 약 28제곱킬로미터입니다. 이는 여의도동 면적의 3배 이상으로 꽤 큰 면적임에 틀림없습니다. 그런데 백성들은 이 동산이 작다고 여겼으니 왕도 의아해할 만했습니다.

여기서 맹자는 한마디 덧붙였습니다.

"문왕의 동산은 사방이 70리였지만 나무를 베는 나무꾼도 들어갔고 꿩과 토끼를 잡는 사냥꾼도 들어갔으니 백성과 함께하신 겁니다. 그런데 제나라는 엄하게 금지하는 법이 있어서 물어본 뒤에 간신히 들어왔습니다. 동산은 40리이지만 그 안에서 사슴을 죽이면 사람을 죽인 것과 같이 죄를 묻는다고 하니, 이는 나라 안에 함정을 만든 것과 마찬가지입니다. 그러니 백성들이 당연히 크다고 생각하는 것이겠지요."

주의 문왕은 동산을 개방하여 백성들과 함께 즐기는 여민동락을 추구했으나 지금 제선왕은 그렇지 않다는 뜻이었습니다. 오히려 국가의 땅을 사유지로 만들어서 백성들이 그 안에서 생업 활동을 못 하게 하니 당연히 원망의 마음이 들 것이었습니다. 그것은 왕이 백성의 안위를 챙기지 않고 사리사욕을 버리지 않았기 때문입니다.

제선왕이 만약 맹자의 말을 좀 더 진지하게 받아들여서 백성들과 같이 부와 즐거움을 공유했다면 어땠을까요? 종국에 진나라에게 허망하게 망하지는 않았을 것입니다. 백성들은 자신의 소중한 나라를 지키기 위해서 더 치열하게 노력했을 것입니다.

우리도 마찬가지입니다. 남들보다 더 잘살고 싶은 욕망이 들게 마련입니다. 잘 먹고 잘사는 것은 중요합니다. 다만 그 욕망이 과할 때가 문제입니다. 욕망의 포로가 되면 오직 상대방을 이기고 더 좋은 것을 차지하려는 욕심으로 가득 찰 것입니다. 우리가 아무것도 들고 갈 수 없는데 말입니다. 공수래공수거, 빈 수레로 왔다가 빈 수레로 돌아가는 것이 바로 인생입니다. 저승길 노잣돈 정도만 있으면 되는 것이 아닌가요?

만약 내가 부를 축적해서 많은 것을 누린다면 어느 정도는 다른 사람들과 함께 누릴 필요가 있습니다. 나와 내 가족만 부를 독점하고 즐긴다면 다른 사람의 원망을 들을 수밖에 없습니다. 기업들이 더 많은 기부를 하고, 사회적인 약자를 돕는 것도 이와 같은 이유입니다.

지천명의 경지인 오십에 내가 세상에 태어난 이유를 다시 한 번 생각해 보면 어떨까요? 부와 명성을 추구하는 것을 전부로 생각하지 않고 내가 가진 것을 나누어 준다는 마음을 갖는다면 오히려 마음이 더 편해질 것입니다. 나 혼자 놀이터를 독점하고 노는 게 즐거울까요? 아니면 다른 이들과 같이 공유하고 함께 즐기는 것이 즐거울까요?

어떤 글로벌 기업의 부자는 수십 조 원, 수백 조 원의 부를 이루면서 다른 이들의 부러움을 샀지만 반대로 이를 시기하는 사람들도 기하급수적으로 늘어났습니다. 결국 그는 자신의 경호 부대를 만들어야 할 정도로 불안한 삶을 살고 있습니다. 물론 그도 사회적 가치를 위해서 노력하지만, 조금 더 많이 나누는 삶을 산다면 많은 이가 그의 안녕과 평화를 기원할 것입니다. 수없이 많은 선한 사람이 지원해 준다면 수십 명의 경호 부대보다 더 든든할 것입니다.

우리가 욕심을 버리면 진정으로 인생에서 중요한 가치가 무엇인지 알게 됩니다. 그것은 바로 인과 의에 기반한 가치입니다. 인은 사랑이고 의는 정의입니다. 나와 가정, 부모와 친구, 동료와의 사랑, 공정한 기회를 제공하는 사회입니다. 그리고 이러한 가치는 한 사람의 욕심으로 이룰 수 없는 것입니다. 지속 가능한 행복을 이루게 합니다. 나와 가족만 잘사는 것이 아니라 다른 사회 구성원과 함께 즐거움과 기쁨을 누리는 것이 이상적인 사회, 그리고 맹자가 추구한 삶입니다.

사람의 기운은
사람이 준다

한 명의 설거주가 혼자서 송왕을 어떻게 하겠는가.

一薛居州 獨如宋王何

일설거주 독여송왕하

〈등문공 하〉

지금 내가 이 위치에 있는 것은 다른 사람의 도움 덕분입니다. 가족의 도움이 있었고, 선생님과 친구, 직장 상사와 동료의 도움 덕분이기도 합니다. 그러므로 나도 성장하면서 다른 사람을 이끌어야 합니다. 성공은 혼자서가 아니라 다른 사람들과 함께 이루어야 한다는 것을 잘 알지만, 막상 이를 실천하기는 쉽지 않습니다. 그래서 어떤 에너지의 사람들로 공간을 채워 가느냐가 인생의 성공과 행복에 중요한 것 같습니다.

오십 이후 어떤 사람을
곁에 둘 것인가?

어느 날 맹자가 송나라의 신하에게 이러한 질문을 했습니다.

"그대는 왕이 선해지기를 바라는가?"

신하는 당연히 그렇다고 했고, 맹자는 이렇게 말을 이어 갔습니다.

"지금 여기에 초나라의 대부가 있고 아들이 제나라 말을 하기를 원한다면 자네는 제나라 사람에게 그를 가르치게 하겠는가? 아니면 초나라 사람이 가르치게 하겠는가?"

송나라 신하는 당연히 현지 언어를 배우려면 현지인에게 배워야 하기 때문에 제나라 사람이 가르치게 할 것이라고 대답했고, 맹자는 말했습니다.

"제나라 사람 한 명이 그를 가르치려고 하는데 주변에서 초나라 사람 여러 명이 초나라 말로 떠든다면 날마다 종아리를 때리고 혼내면서 제나라 말을 하라고 요구해도 할 수 없을 것이다. 하지만 그를 장악(제나라의 산)의 사이에 몇 년 동안 거주하게 한다면 날마다 종아리를 때리고 혼내면서 초나라 말을 하라고 요구해도 할 수 없을 것이다."

맹자의 말은 영어 공부를 하기 위해 한국에서 학원을 다녔는데 주변에 한국 사람이 가득하다면 영어를 쓰지 않고 한국어를 쓸 것이나, 만약 한국 사람이 없고 미국 사람으로 가득한 곳에 간다면 당연히 영어를 쓸 수밖에 없다는 것과 같습니다.

맹자의 본론은 다음부터였습니다.

"설거주라는 선한 선비를 왕의 처소에 거처하게 했는데, 그 곳에 어른이나 아이나 지위가 낮거나 높거나 모두 설거주와 같다면 왕이 누구와 선하지 않은 일을 할 것이며, 만약 모두 어른이나 아이나 지위가 낮거나 높거나 모두 설거주와 같지 않다면 왕이 누구와 함께 선한 일을 하겠는가? 한 명의 설거주가 혼자서 송왕을 어떻게 하겠는가?"

즉 설거주와 같은 선한 사람이 왕의 주변에 많이 있다면 왕이 아무리 나쁜 짓을 하고 싶더라도 할 수 없을 것이나 만약 반대로 선한 사람이 오직 한 명이고 주변에 아첨꾼만 가득하다면 왕은 나쁜 일을 할 수밖에 없다는 것입니다.

사회에서도 나의 주변을 선한 사람으로 채우면 긍정적인 효과를 경험합니다. 어려운 일이 닥쳐도 같이 머리를 맞대고 고민해서 해결책을 찾습니다. 반대로 그렇지 않은 사람들이 주변에 있다면 어떨까요? 나 혼자 최선을 다하더라도 뒷다리 잡는 사람들로 인해서 힘이 빠지고 점차 의욕을 잃게 됩니다.

그렇기 때문에 회사에서도 늘 강조하는 것이 바로 회사의 이념과 철학입니다. 아무리 힘든 일이 닥치더라도 불굴의 의지를 가지고, 팀워크를 통해서 헤쳐 나가기를 주문합니다. 특히 위기 경영을 할 때는 예전에 선배들이 어떻게 합심해서 고난을 극복했는가를 보여 줍니다. 이를 고리타분하다고 생각하는 사람들도 있지만 그것이 바로 회사의 DNA이고, 그러한 힘이 회사를 버티고 성장하게 합니다.

대기업에서 적성 검사를 철저하게 하는 것도 이와 같습니다. 선한 사람들을 더 많이 뽑아서 회사가 성장하도록 하기 위함입니다. 어떤 사람은 학업 성적이 뛰어났는데도 적성 검사에서 "스트레스를 받을 때 살인 충동을 느낍니까?"라는 질문에 "예"라고 했다가 낙방했습니다. 오죽하면 어느 대기업에서는 예전에 관상가를 고용해서 직원의 합격 여부를 결정했을까요?

내가 작은 사업체를 하거나 조직의 리더이거나 동호회 활동 등을 할 때도 선한 사람들이 많을수록 변화하고 성장할 수 있습니다. 이러한 당연한 진리를 사회생활을 하면서 깨닫지만 막상 실천을 잘 못 합니다. 우선 내가 선한 사람이 되어야 선한 사람이 보이고 그들과 함께하기 때문입니다. "뭐 눈에는 뭐만 눈에 보인다"라는 속담도 있습니다. 이제부터라도 주변을 둘러보고 선한 사람으로 채워 가면 어떨까요?

떳떳하게 산다고
말할 수 있는 삶

❖❖❖

일정한 생업이 없지만 일정한 마음을 가지는 것은 오직 선비
만이 할 수 있습니다.

無恆産而有恆心者 惟士爲能
무항산이유항심자 유사위능

<양혜왕 상>

사람은 누구나 변하게 마련입니다. 세월의 풍파를 겪으면서
더 날카로워지는 사람도 있고 반면 둥글게 바뀌는 사람도 있습
니다. 모나지 않게 사는 것이 가장 무난하지만 그것도 정답은
아닙니다. 되도록 문제를 일으키려 하지 않는 마음 때문에 변
화를 두려워하게 됩니다.

사회에서 발생하는 수많은 문제, 각종 비리, 부실 공사, 산업

재해, 직장 내 갑질 등은 문제를 일으키지 않으려고 '좋은 것이 좋은 것'이라고 생각하기 때문에 발생합니다. 조금은 날카롭게 비판적인 시선으로 현상을 보는 것은 떳떳한 삶의 시작이라고 할 수 있습니다.

저명한 경제학자인 피터 드러커의 제자가 《매니지먼트》를 엮으며 "아무리 강하게 보이는 기업이라도 기본과 원칙을 지키지 않는다면 머지않아 무너진다"라는 오랜 스승의 말씀을 전했습니다. 회사는 살아 있는 생명체입니다. 사람들로 이루어진 집단이기 때문에 기업의 철학이 중요합니다. 이윤만 추구하면 구성원들은 모든 판단을 이익을 중심으로 할 것이고, 회사는 가치와 미션에 소홀해지면서 더는 성장을 못 하고 정체합니다.

적지 않게 발생하는 안타까운 사건들도 마찬가지입니다. 어느 호텔에서 화재가 났는데 스프링클러를 제대로 설치하지 않아 인명 피해를 키웠습니다. 호텔의 경영진이 추구한 가치는 말을 안 해도 알 수 있습니다. 손님의 안녕과 행복이 아닌 자신의 안녕과 행복을 추구했기 때문입니다.

개인도 마찬가지입니다. 사람들 대부분이 학창 시절부터 사회에서 말하는 '좋은 직업을 가지고 좋은 직장에 다니고 안정적인 삶을 사는 것'을 가장 큰 가치로 두고 삽니다. 하지만 이제 그것이 전부가 아님을 알게 되었다면 나의 가치를 다시 한번 점검할 필요가 있습니다. 가치 점검을 소홀히 한다면 자칫 삶의 방향과 목적성을 잃고 표류하게 됩니다. 그리고 이보다 더 중요한 것이 있습니다. 어떠한 상황에서라도 나의 마음가짐을 꾸준하게 유지하여 가치관을 지키는 것입니다. 이를 맹자는 '항심'이라고 했습니다.

내가 돈 몇 푼 때문에 뜻을 굽혀야 하는가?

맹자가 양혜왕에게 말했습니다.

"일정한 생업이 없지만 일정한 마음을 가지는 것은 오직 선비만이 할 수 있습니다."

맹자는 현실을 잘 이해하고 있었습니다. 생계가 불안정한데 꾸준히 자신의 도와 가치를 지키기가 어려움을 말입니다. 물론 이를 초월하는 것이 선비라고 했지만 이는 쉽지 않습니다.

"목구멍이 포도청"이라는 말이 있습니다. 사람은 먹고살기 위해서 체면에 어긋나는 일을 하고 심지어 포도청에 잡혀가더라도 범죄를 저지른다는 것입니다. 그렇기 때문에 '일정한 마음'인 항심과 '일정한 생업'인 항산이 조화를 이루는 것이 가장 바람직한 모습입니다.

맹자도 이 점을 잘 인지했기 때문에 선비에게는 고도의 도덕심을 요구했고, 일반 백성에게는 타협적이고 현실적인 안을 제시했습니다. 사실 당시의 선비는 국가에서 생업을 어느 정도 지원했기 때문에 항심을 유지할 수 있었을 것입니다. 맹자와 그의 제자들이 제후들에게 재정적인 지원을 받으면서 생계를 유지한 것과 마찬가지입니다. 다만 맹자는 그 지나침을 경계했습니다.

우리에게 익숙한 '국정 농단'이라는 말의 농단도 《맹자》에서 유래했습니다. 맹자가 제나라 벼슬자리에서 물러나려고 하자 제나라 왕은 맹자에게 집을 마련해 주고 제자들에게 1만 종의 녹봉을 지급하겠다고 사신을 통해서 제안했습니다.

맹자는 일갈했습니다.

"내가 부유해지고 싶었다면 객경의 녹봉 10만 종을 거절하고 1만 종을 받겠느냐?"

애당초 맹자에게 돈은 중요하지 않았습니다. 자신이 왕도 정치를 제시했으나 제나라 왕이 이를 들어줄 자세와 능력이 되지 않았기 때문입니다.

맹자는 덧붙였습니다.

"예전에 부유하고 귀하면서도 농단을 사사로이 차지하려는 자가 있다고 했다. 이 사내는 농단을 찾아서 주위를 바라보고 시장의 이익을 모두 거두었고, 사람들은 이를 천하다고 여겼다. 관리들이 세금을 거두어들인 것은 이 마음씨 나쁜 사내로부터 시작했다."

농단은 '높은 언덕'입니다. 예전에 누군가 언덕에서 시장의 물물 거래를 지켜보고 어디가 부족하고 남는지를 가늠해서 실리를 취했다는 이야기입니다. 맹자는 자신과 제자들을 집과 돈으로 매수하려는 것은 마치 자신을 이러한 사내로 취급하는 것과 마찬가지라는 뜻으로 말했습니다. 맹자는 항심으로 부와 지위에 연연하지 않고 자신이 믿는 도덕 정치를 실현하기 위해서 왕을 떠났습니다.

물론 우리는 맹자와 같지 않습니다. 만약 누군가 더 많은 돈을 주는 조건을 제시한다면 유혹을 받을 것입니다. 그런데 그것이 혹여 떳떳하지 않다면 내가 믿는 가치를 생각해 보아야 합니다. 다른 대안이 있다면 조금 손해를 보더라도 나의 가치를 위해서 항심을 유지해야 합니다. 그것이 바로 군자가 추구하는 인생일 것입니다.

마음을
잃어버리지 않는 길

인은 사람의 마음이고 의는 사람의 길이다.

仁 人心也 義 人路也

인 인심야 의 인로야

〈고자 상〉

맹자는 "인은 사람의 마음이고 의는 사람의 길이다"라고 말
했습니다. 그러면서 다음과 같이 덧붙였습니다.

"사람들이 그 길을 버리고 따라가지 않고, 마음을 잃어버리
고 그것을 구하는 것을 알지 못하니 슬프도다! 사람들은 닭과
개를 잃으면 찾으려고 하나 자신의 마음을 잃으면 찾는 법을
모른다. 학문은 결국 그 잃어버린 마음을 되찾는 것일 뿐이다."

인과 의의 길을 따르지 않고, 만약 길을 잃더라도 다시 바른 길을 찾기 위해서 노력하지 않는 것이 안타깝다는 맹자의 말씀입니다. 맹자는 닭이나 개와 같은 물질적인 것을 잃었을 때는 그것을 찾으려고 난리를 치나 방황하는 내 마음을 찾는 법은 모른다고 했습니다. 그러면서 오직 학문이 그 잃어버린 마음을 찾는 데 도움이 된다고 했습니다. 학문(學問)은 '배우고 묻는다'는 뜻입니다. 한 문장을 배우더라도 거기에 담긴 심오한 의미를 되새기고, 과연 그것을 어떻게 내 인생에 적용할지, 그리고 과연 그러한 가르침을 꼭 내 인생에 적용해야 할지 질문해야합니다.

지금 나의 마음은
어디에 있는가?

맹자는 이야기했습니다.

"전쟁을 잘하는 사람은 극형에 처해야 하고, 제후들과 연회하는 자는 다음의 형벌을 받아야 하고, 백성들에게 풀밭과 황무지를 개간시켜 토지를 차지하는 자는 그다음의 형벌을 받아야 한다."

맹자가 말하는 인과 의는 아주 명확한 개념입니다. 나 혼자 과도한 욕심을 부려서 타인에게 해를 끼치면 그것은 인과 의의 삶이 아닙니다.

맹자는 공자의 제자 염구를 예로 들었습니다. 염구는 공자의 제자 중 특출한 공문십철, 즉 공자의 제일가는 10명의 제자중 한 명입니다. 인과 예보다는 행정 능력에서 인정받은 그는 노나라 세도가인 계씨 밑에서 일했습니다. 공자는 제자 염구가계씨에게 충언을 해서 백성들에게 매기는 과도한 세금을 낮추기를 바랐지만 제자는 그의 뜻을 이행하지 못했을 뿐만 아니라 자신도 어쩔 수 없다는 변명을 늘어놓았습니다. 마침내 공자는 "염유(구)는 더 이상 나의 제자가 아니다. 너희들은 북을 울려서 그의 잘못을 따져야 한다"라고 성토했습니다.

살다 보면 누구나 방황을 합니다. 나이가 들어도 마찬가지입니다. 나이 오십에 이르러 인생의 절반을 지날 때 더욱 그렇습니다. 내가 목표한 바를 이루지 못할 때 답답한 마음이 들고, 주변에 성공한 선후배를 볼 때도 마찬가지입니다. 소위 사람들이 말하는 성공을 쟁취하였다고 해도 마냥 행복한 기분일까요? 오히려 현재의 부와 지위를 유지하지 못할 것 같아서 조급한 마음이 들 수 있습니다.

이제 거창한 것이 아니더라도 지금 나의 마음이 어디에 있는지 살펴보면 어떨까요? 인과 의의 길에 있는지요? 역시 그것을 알 수 있는 방법은 마음을 들여다보고 책을 읽고 글을 쓰면서 생각을 하는 것입니다. 물론 이러한 과정은 쉽지 않고 단기적으로 이루어지지 않습니다. 수년간 꾸준한 노력이 필요합니다. 저도 마찬가지로 오랜 시간 제 마음을 온전히 바라보게 되었고, 그 마음을 잃지 않기 위해서 노력했습니다. 그것이 진정으로 스스로 묻고 배우는 학문의 길입니다. 학문은 단지 지식을 체득하는 과정이 아니라 삶의 깊이를 더하는 과정입니다.

한 발도 내딛지 않으면서
늦었다고 생각하지 마라

❖❖❖

문왕을 스승으로 삼는다면 대국은 5년, 소국은 7년이면 반드시 천하에 좋은 정치를 펼치게 될 것이다.

師文王 大國五年 小國七年 必爲政於天下矣
사문왕 대국오년 소국칠년 필위정어천하의

〈이루 상〉

우리가 인생의 어떤 서사를 쓰든 간에 나이 여든을 넘기면 곧 죽음 앞에 서게 됩니다. 농담 삼아서 예순까지는 사회적 지위를 자랑하지만 일흔이 넘으면 건강을 자랑한다고 합니다. 아무리 부와 명예를 이루었다고 해도 내가 건강하지 못하면 덧없을 뿐입니다. 누구나 젊을 때는 청운의 꿈을 안고 공부하고 사회생활을 했을 것입니다. 때로는 즐겁게, 때로는 힘들게 살면서 인생의 희로애락을 경험합니다.

그런데 막상 인생의 종착역에 다다랐을 때는 과연 어떤 생각이 들까요? 감히 상상해 보면 역시 '후회'가 아닐까 싶습니다. 요양원에서 거주하거나 시한부 인생을 사는 분들께 인터뷰를 해 보면 대부분 사랑하는 사람에게 사랑을 제때 제대로 표현하지 못했음을, 정해진 틀에 안주하면서 과감하게 새로운 변화를 시도하지 못했음을, 별로 중요하지 않은 일로 근심하고 인생을 제대로 즐기지 못했음을 아쉬워합니다.

나이 오십에 이르거나 이미 오십이 넘었다면 앞으로 주어진 시간은 대략 30년입니다. 앞으로 활발하게 사회 활동을 할 수 있는 기간은 적어도 20년입니다. 물론 건강을 잘 유지한다는 조건입니다. 50대에 이미 직장을 떠났다면 인생 이모작을 준비하면 됩니다. 내가 수십 년간 영업, 마케팅, 기술, 어학 등에 노하우를 쌓았다면 이를 잘 활용해서 직장을 구하거나 1인 기업을 할 수 있습니다. 60세 정년을 바라보며 여전히 직장을 다닌다고 해도 미리 은퇴 후를 준비해 두면 좋습니다. 예전보다 기대 수명이 늘어났기 때문에 등산을 다니고 여행을 하면서 남은 인생을 보내기에는 인생이 너무 깁니다. 미래를 위한 시간 투자가 필요한 이유입니다.

그런데 단지 금전적인 목적을 위해서 시간을 투자해야 할까요? 아니면 보다 가치 있는 일에 힘을 쏟아야 할까요?

대국 5년, 소국 7년이면
천하를 얻는다

그 해답을 맹자는 다음과 같이 제시합니다. 바로 덕을 우선시하는 삶입니다.

"만약 천하게 도가 있다면 덕이 적은 사람은 덕이 많은 사람에게 부림을 당할 것이다."

맹자는 어떻게 하면 덕을 추구하는 국가가 될 수 있을지 제시했습니다. 주나라의 문왕을 스승 삼는다면 대국은 5년, 소국은 7년이면 천하에 좋은 정치를 펼친다는 것입니다. 주문왕은 백성들의 삶을 풍족하게 하는 정치를 펼쳐서 많은 지지를 받았습니다. 그가 주변국을 평정할 때도 오히려 정복당한 백성들이 기뻐할 정도라고 했을 만큼 그는 인기가 높았습니다.

여기서 중요한 것은 5년과 7년이라는 시간입니다. 사실 백성들을 위한 좋은 정책을 펼치는 것은 노력하면 할 수 있습니다. 위정자가 신하들과 허리띠를 졸라매고 바짝 노력하면 백성들의 고단한 삶도 줄어들 것입니다.

그런데 문제는 당시 위정자들이 이렇게 수년간 덕을 쌓고 백성들의 안위를 위해서 보다 높은 가치를 추구하는 데 시간이 너무 많이 걸린다고 생각했다는 것입니다. 그래서 주변국과 전쟁을 통해서 단기적인 영토 확장에 혈안이 되었습니다. 그렇다 보니 나라는 점차 피폐해져 갔고 백성들의 원망은 하늘같이 높아만 갔습니다.

맹자가 주장한 대국과 소국의 위정자가 쌓을 5년과 7년의 덕
은 언뜻 우리의 삶과 별로 연관이 없을 것 같지만 개인의 삶에
도 적용할 수 있습니다.

지금부터라도 나와 주변을 돌아보면서 내가 베풀 것이 없는
지 살펴보기 바랍니다. 오로지 기존에 쌓은 지식과 경험만을
토대로 계속 금전적인 이득을 목적으로 두는 것보다 지식과 경
험을 계속 쌓으며 내가 쓰일 곳을 선한 의도를 가지고 찾다 보
면 나의 능력을 적절하게 사용할 또 다른 기회가 찾아올 수 있
습니다. 그리고 이러한 나눔을 적어도 5년 이상 하다 보면 인생
의 진정한 목적과 보람을 찾을 것이라고 믿습니다. 그 중심에
는 바로 덕의 마음이 있습니다.

오십이 되어서 이미 늦었다고 생각할 필요는 없습니다. 결코
늦은 때란 없습니다. 스크루지 영감처럼 죽음을 경험하고 정신
을 차리는 것보다 이제부터라도 나의 삶의 가치를 재점검하고,
새롭게 다시 시작할 수 있습니다. 죽을 때까지 나에게 소중한
가치가 무엇인지 깨닫지 못할 때 문제가 되는 것입니다. 단지
부고란에 적힌 이름과 나이, 가족 관계가 전부일 뿐입니다. 과
연 사람들은 내가 죽은 후에 나를 어떻게 기억할까요?

알아주어도 느긋하라,
알아주지 않아도 느긋하라

◆◆◆

상대방이 알아주더라도 스스로 느긋해야 하고 알아주지 않
더라도 또한 스스로 느긋해야 한다.

人知之 亦囂囂 人不知 亦囂囂

인지지 역효효 인부지 역효효

〈진심 상〉

보통 《맹자》를 접할 때 사람들은 제일 첫 번째 편 〈양혜왕
상〉을 읽으며 짜릿해 합니다. 50대 초반의 맹자에게 양혜왕이
다짜고짜 나라를 이롭게 할 방도를 묻자 맹자가 "다만 인과 의를
말씀하셔야지 하필 이익을 말씀하십니까?"라고 일갈하기 때문
입니다. 어느 학자는 이러한 통쾌함 때문에 《맹자》를 여름에 읽
어야 한다고 말할 정도입니다. 권력 앞에서도 굴하지 않는 맹자

의 커다란 호연지기와 흔들리지 않는 부동심은 진정한 대장부의 자세를 보여 줍니다. 맹자는 상대방이 누구든 눈치를 보지 않고 자신이 생각하는 바를 직접적으로 또는 탁월한 비유를 통해서 설명합니다. 이러한 맹자를 대하기 어려워하는 위정자나 벼슬아치, 학자들이 많았을 겁니다. 맹자는 왜 두리뭉실하게 어울리면서 조직에 스며들지 못한 것일까요?

인간은 사람들과의 어울림 속에서 기쁨과 즐거움, 고통과 갈등을 느낍니다. 또한 대부분 사람들은 다른 사람의 인정에 목말라합니다. 가족에게 인정받고 싶고, 사회에서도 인정받고 싶어합니다. 그래야 나의 존재의 이유에 확신이 듭니다. 그런데 여기에는 부작용도 있습니다. 인정에 목마르다 보면 자꾸만 초조해집니다.

물론 인정 욕구는 자연스러운 현상입니다. 우리는 맹자처럼 도도하게 살 수 없습니다. 특히 50대가 되면 인정 욕구에 목마릅니다. 나이가 들수록 자존감이 점차 떨어지기 때문입니다. 신체적 건강도 예전 같지 않고 두뇌 회전도 젊은 세대를 따라가지 못하니 더욱 그럴 것입니다. 야근을 불사하고 열심히 일해도 직장에서 인정을 못 받거나, 또는 가족을 위해서 최선을 다해도 인정을 받지 못하면 서글픈 마음이 들기 십상입니다. 도대체 무엇을 위해서 이렇게 노력하는지 회의가 들 지경입니다. 지금의 우리에게 맹자는 어떤 조언을 해 줄까요?

인정받는 삶에서
자유로워지는 법

맹자는 송나라의 송구천이라는 사람에게 이렇게 말했습니다.

"그대는 유세하기를 좋아하는가? 내가 그대에게 유세에 대해서 한마디해 주겠다. 상대방이 알아주더라도 스스로 느긋해야 하고 알아주지 않더라도 또한 스스로 느긋해야 한다."

그러자 송구천이 궁금해서 질문했습니다.

"어떻게 해야 그렇게 느긋하고 만족할 수 있을까요?"

맹자는 다음과 같이 답변했습니다.

"덕을 숭상하고 의를 즐기면 자연히 스스로 느긋하고 만족할 수 있다. 선비는 아무리 곤궁해도 의를 잃지 않고 영화를 누리더라도 정도를 벗어나지 않는다."

맹자의 말은 공자의 주장과 크게 다르지 않습니다. 내가 스스로 바르고, 나의 가치를 믿는다면 상대방이 나를 알아주지 않더라도 개의치 않게 된다는 것입니다. 사실 쉽지는 않습니다. 그러한 삶의 자세를 유지하기 위해서는 꾸준히 자신의 가치를 돌아보고 이를 실천에 옮겨야 하기 때문입니다.

또한 맹자는 이렇게 이야기했습니다.

"천하의 군주 중에서 사람 죽이기를 좋아하지 않는 자가 없습니다. 만약 사람을 죽이는 것을 좋아하지 않는 사람이 있다면 천하의 백성들은 모두 목을 길게 빼고 우러러볼 것입니다."

전국 시대의 군주들은 패도 정치를 추구하면서 자신의 부귀와 영화, 영토 확장에 골몰했고, 전쟁을 통해서 사람을 죽이는 것을 주저하지 않았습니다. 그래서 맹자는 군주가 왕도 정치에 입각해서 백성의 생명과 재산을 지키고 세상의 안녕과 평화를 바란다면 모든 백성들은 존경하고 우러러볼 것이라고 했습니다. 그것이 인과 의를 실천하는 삶입니다. 하지만 그러한 행위도 단지 인정을 받기보다는 내가 스스로 편한 마음이 들 때 지속 가능합니다.

세상을 살면서 느낀 것은 내가 상대방의 인정을 받는 것을 목표로 하다 보면 나 자신을 잃을 수 있다는 것입니다. 자칫 나의 중심을 잃고 방황하게 됩니다. 다른 사람들에게 잘 보이기 위해 마음에도 없는 거짓을 행하기도 합니다. 거짓되고 위선적인 모습을 사람들에게 보여 주면서 상대방뿐만 아니라 자신을 속이기도 합니다. 때로는 그런 행동이 남에게 해를 끼치게 됩니다. 해가 안 되더라도 나중에 죄책감이 들 수 있습니다.

사회생활을 할 때나 또는 사회생활을 더 이상 하지 않더라도 나의 길을 가는 자세가 필요한 이유입니다. 눈치를 보기보다는 나의 마음이 만족하는 것을 더 우선으로 두어야 합니다. 거짓된 모습이 아니라 소탈하고 진솔한 마음가짐을 가지고 살아야 합니다. 그렇게 해야 타인의 인정을 못 받거나 거절을 당하더라도 조금 더 느긋한 마음을 가질 수 있습니다. 적어도 나는 나 자신에게 최선을 다했다고 말할 수 있으니까요.

굴복시키지 말고
이해시켜라

내가 무엇 때문에 변론을 좋아하겠는가? 나는 어쩔 수 없어
서 그랬던 것이다.

予豈好辯哉? 予不得已也
여기호변재 여부득이야

〈등문공 하〉

'목소리가 큰 사람이 이긴다'는 통념이 있었습니다. 그래서 교
통사고가 났을 때뿐만 아니라 어디에서든 일단 큰소리치는 사
람이 많았습니다. 결정적으로 어퍼커트를 날리면 승자가 되었
습니다. 그러한 조기 교육을 받았기 때문에 사람들은 좀처럼 자
신의 실수를 인정하지 않게 되었습니다. 인정한다는 것은 곧 패
배를 인정하는 것이기 때문입니다.

폭력적인 언어를 구사해서 다른 사람들을 굴복시키는 것은 예전에나 가능했습니다. 물론 당시에도 사람들은 겉으로는 순종하는 척했지만 속으로는 반항심을 느꼈습니다. 다만 그것을 표출할 수 있는 사회적 여건이 갖추어지지 않았습니다. 하지만 이제는 그 어느 때보다 인권이 중요한 세상이기 때문에 함부로 대하면 안 됩니다. 위에서 명령을 내려서 진행하던 방식에서 서로 논의해야 하는 방식으로 바뀌었습니다. 그렇기 때문에 많은 시간과 논리적 설득이 필요합니다.

맹자는 끝내 보지 못한 인의 시대

어느 날 제자 공도가가 이렇게 물었습니다.

"스승님, 밖에 사람들이 모두 스승님이 변론을 좋아한다고 말합니다. 감히 여쭙겠는데 어떤 이유로 그런 것일까요?"

그러자 맹자는 대답했습니다.

"내가 무엇 때문에 변론을 좋아하겠는가? 나는 어쩔 수 없어서 그랬던 것이다."

그러면서 맹자는 요임금과 순임금이 떠난 후 세상이 어지러워졌다고 한탄했습니다. 은나라 때 폭군이 일어나서 백성의 집과 휴식처를 없애서 사라지고 연못을 만들고, 농토를 망가뜨려 왕들이 즐기는 동산을 만들었다고 했습니다. 이에 주공이 무왕을 도와서 은나라의 주왕을 없애고 주변국을 평정하니 천하가 매우 기뻐했다고 전했습니다. 그러면서 여전히 세상에 잘못된 학설이 난무해서 세상을 어지럽히고 있기 때문에 그 질서를 잡기 위함이라고 했습니다.

맹자는 덧붙였습니다.

"나 또한 사람들의 마음을 바르게 하고 싶어서 잘못된 학설을 없애고 과격한 행동을 막으면서 잘못된 말을 내쳐서 세 성인(우임금, 주공, 공자)을 계승하려는 것이다. 어찌 변론을 좋아서 하겠는가? 나는 어쩔 수 없이 한 것이다. 양주와 묵적의 주장을 막는 것도 성인의 길을 걷고자 하기 위함이다."

양주와 묵자는 혁신적인 이론을 주장했습니다. 양주는 오직나 자신이 중요함을 주장했고, 묵자는 평등 없이 서로 사랑하는 겸애주의를 주장했습니다. 그러면서 당시 부모에 대한 효의 마지막 단계인 장례의식을 비판하고 모두가 동등하고 간소하게 장례를 치루어야 한다는 박장론을 제시했습니다. 당시 시대상을 반영할 때는 용납할 수 없는 사상이었습니다.

맹자는 자애로운 군주와 현명한 신하, 열심히 일하는 백성들의 위계질서를 통해서 천하의 평화를 구현하고자 했기 때문에 이들의 사상을 배척했습니다. 양주와 묵자의 사상은 이상적이지만 현실에서 적용하기는 어려웠습니다. 나를 우선하더라도 사회적인 질서가 중요하고, 만인에 대한 평등한 사랑이 부모와 자식의 사랑에 비할 수 없기 때문입니다. 장례의식도 이러한 슬픔과 안타까움을 표현하는 효의 수단이라고 여겼습니다.

맹자는 자신이 변론을 즐기는 것이 아니라 혼란스러운 세상에 바른 길을 안내하기 위해서 어쩔 수 없다고 항변했습니다. 적어도 맹자는 위정자들을 끊임없는 설득하고 훌륭한 제자들을 양성하면서 평화적으로 변화를 시도했습니다. 선인들의 지혜를 인용하여 부드럽게 인과 의의 정신을 설파하면서 강한 패도 정치에 저항했습니다.

전국 시대는 기원전 476년에서 진나라가 통일하는 기원전 221년까지를 일컫습니다. 250여 년간 전국 칠웅의 국가는 조금이라도 영토를 확장하고 주도권을 잡기 위해서 혈안이었습니다. 백성의 안위에는 그다지 관심이 없었습니다. 병력을 늘리고, 더 많은 식량과 백성을 확보하려는 목적뿐이었습니다.

맹자는 이러한 피 튀기고 전쟁이 난무하는 시대의 한가운데 태어났습니다. 전국 시대가 본격화된 지 100년 후인 기원전 372년이었습니다. 그의 사후 약 70년, 전국이 통일되었습니다. 다만 맹자가 염원하던 인과 의에 기반을 둔 왕도 정치를 추구하는 국가가 아니라 엄격한 법가주의에 기반을 둔 서쪽의 맹주인 진나라가 전국을 통일했습니다. 첫 황제가 바로 그 유명한 진시황제입니다. 그는 엄격한 법률로 백성들을 통치하면서 통일 국가의 수명을 단축했습니다. 고작 15년이었습니다.

이후 한나라를 세운 유방은 부드러운 지도력을 추구했습니다. 그는 약법 삼장을 통해서 '사람을 죽이거나 상해를 입히거나 도둑질하면 그에 상응하는 대가를 받는다'는 아주 간결하고 명료한 법으로 사람을 중요시하는 인의 정신을 구현했습니다. 그리고 노장 사상에 입각한 도가주의를 실현했습니다. 나중에는 이것이 방종으로 흐르자 유학을 통치 이념으로 세웠습니다.

오랜 왕조의 역사를 지켜보면 민심을 따르면서 강력한 국가를 건설한 위정자, 즉 부드러운 내면과 강한 외면을 갖춘 이가 지속 가능한 국가를 세우고 유지했습니다.

이제 우리의 삶은 어떤지 한번 돌아보면 어떨까요? 나는 강함을 추구하나요? 아니면 부드러움 속에 강함을 추구하고 있나요? 이제는 목소리가 크다고 이기는 것이 결코 아닙니다. 부드러움의 중요성을 깨달을 때입니다.

마음이 흔들릴 수 있으나
바로잡을 수도 있어야 한다

◆◆◆

나는 마흔 살부터 마음이 동요되지 않았다.

我四十不動心

아사십부동심

<공손추 상>

우리는 인류 역사상 가장 복잡다단한 세상에 살고 있습니다. 최근 인류의 수십 년간의 변화가 과거 수천 년의 변화보다 훨씬 빠릅니다. 이는 더욱더 가속화될 것입니다. 반면 인류의 DNA는 그대로입니다. 수십만 년 전에 동굴에서 생활하거나 농경 생활을 이룰 때의 생존 본능과 큰 차이가 없습니다.

그때보다 인간의 인지 능력과 지식은 발전했지만 본성은 크게 다르지 않습니다. 우리의 뇌가 자신을 보호하기 위해 작동하기 때문에 어렵고 힘들면 '하기 싫다'는 식의 감정이 듭니다. 수많은 자극을 받는 상황에서 나의 본능을 잘 달래는 자세가 필요합니다. 보통 '유혹에 약하다' 또는 '유혹에 강하다'의 차이는 바로 여기에서 나는 것입니다.

나이가 들고, 사회적 지위가 올라갈수록 더 큰 유혹을 받습니다. 금전적인 혜택은 타인과 나누는 대신 내가 독차지하고 싶은 욕구가 듭니다. 더 넓은 아파트, 더 비싼 명품을 가지고 싶습니다. 음악과 예술 작품도 과시하기 위해 감상합니다. 또한 조그마한 권력을 쥐면 그 권력을 누리고 싶은 유혹을 느낍니다. 내가 하고 싶지 않은 일을 다른 사람에게 미루게 됩니다. 식욕도 마찬가지입니다. 예전 조상들이 혹한기에 살아남기 위해서 지방을 확보했던 것처럼 이제는 굳이 그러지 않아도 되지만 본능은 나의 귓가에 더 많은 지방을 확보해서 대비해야한다고 속삭입니다. 사리사욕이 삶의 중심이 되고 과도해질 때 우리에게는 맹자의 부동심이 필요합니다.

사리사욕에
끌려다니지 마라

어느 날 제자 공손추는 스승의 마음을 떠보았습니다.

"스승님께서 만약 제나라의 공경과 재상으로 계시면서 도를 제대로 실행한다면 제나라 왕이 그 덕분에 패왕의 노릇을 하더라도 이상하지 않을 것입니다. 이렇게 된다면 마음이 흔들리지 않으시겠습니까?"

그러자 맹자는 대답했습니다.

"아니다. 나는 마흔 살부터 마음이 동요되지 않았다."

제자는 스승이 권력을 갖고 세상을 바꿀 힘을 얻게 된다면 스스로 그 사실에 고취되어서 자부심과 책임감을 느낄지에 대해서 질문한 것입니다. 또한 그렇기 때문에 권력을 갖고 싶지 않은가에 대한 물음이기도 했습니다. 하지만 맹자는 단호하게 아니라고 했습니다.

말뿐이 아닙니다. 그는 직접 행동으로 보여 주었습니다. 제나라 선왕 밑에서 국정 운영에 대한 조언자 역할을 했지만 제선왕이 이를 제대로 따르지 못하자 과감하게 자리를 박차고 제자들과 함께 고국 노나라로 돌아갔습니다. 당시 제나라는 주변 연나라를 침공해서 수많은 성을 점령하는 등 당시 천하의 대세가 되었지만 말입니다. 맹자는 제선왕이 인과 의에 기반한 정치를 할 의향이 없음을 알고 한계를 느꼈습니다.

맹자는 용기 있는 두 사람을 예로 들었습니다. 한 명은 북궁유라는 사내입니다. 그는 칼에 찔려도 움츠러들지 않고 눈동자조차 깜빡이지 않았습니다. 남에게 조금이라도 모욕당하면 마치 저잣거리에서 채찍을 맞는 것처럼 부끄럽게 여겼습니다. 그러한 떳떳한 자세로 살면서 만 승의 군주에게도 모욕을 받지 않고 만 승의 군주를 찔러 죽이는 것을 마치 필부를 죽이는 것처럼 두려워하지 않았습니다.

또 한 사람은 맹시사라는 사람입니다. 그는 "이길 수 없다고 보여도 이길 수 있다고 여겨야 한다. 적의 규모를 헤아린 뒤에 나아가서 승리를 거두는 것은 삼군을 두려워하는 사람이다. 내가 어떻게 매번 이기기만 하겠는가? 단지 두려워하지 않을 뿐이다"라고 했습니다.

맹자는 북궁유와 맹시사를 공자의 제자인 자하와 증자와 각각 비슷하다고 여겼습니다. 그는 용기의 핵심을 파악한 맹시사가 더 낫다고 했지만 증자보다 못하다고 말했습니다. 증자는 이렇게 말했다고 했습니다.

"스스로 돌이켜보아서 내가 곧고 바르다면 비록 천군만마 앞이라도 나는 나아가 대적할 것이다."

북궁유의 용기는 사실 만용에 불과합니다. 맹시사도 명분이 있는 용기라고 보기 어렵습니다. 더 중요한 것은 증자가 말한 바와 같이 '나의 명분이 있는가'입니다. 내가 믿는 인과 의라는 가치를 수호하기 위해서 대적한다면 그것이 진정한 용기이고, 흔들리지 않는 마음입니다.

저뿐만 아니라 대부분의 사람들은 아무리 이성적인 판단을 앞세운다고 해도 일단 나의 부와 명예, 지위를 위협받으면 또는 그것을 추구하고자 하는 욕구가 생기면 매번 흔들립니다.

인간은 나약한 존재입니다. 사회적 지위가 높은 사람도, 보통 사람도 마찬가지입니다.

결국 내 마음을 돌아보면서 마음이 흔들릴 때마다 돌아올 수 있는 회복 탄력성이 필요합니다. 그것이 모일 때 비로소 '부동심'이라고 할 수 있습니다. 애초에 아예 흔들리지 않는 마음이란 없습니다. 흔들리더라도 돌아올 수 있는 마음이 필요한 이유입니다.

마음의 힘이
인생을 사는 힘이다

❖❖❖

호연지기의 기운은 지극히 크고 몹시 강한데 바르게 길러서
해치는 것이 없다면 하늘과 땅 사이에 가득 차게 될 것이다.
其爲氣也 至大至剛 以直養而無害 則塞于天地之間
기위기야 지대지강 이직양이무해 즉색우천지지간

<공손추 상>

인생살이가 정말 거칠고 힘듭니다. 나이가 들수록 그것을 더
뼈저리게 느낍니다. 누군가는 정글과 같다고 비유할 정도입니
다. 한마디로 '서바이벌 게임'입니다. 이 서바이벌에서 우리가
어떠한 선택을 하느냐에 따라 곤궁에 처하기도 하고 기회를 찾
기도 합니다. 같은 출발선상이었던 친구나 동료, 선배나 후배
들의 삶의 궤적을 지켜보면서 많은 변화를 느낍니다. 누군가는

승승장구하고, 누군가는 경제적인 어려움을 호소합니다. 인생의 절반을 지나서 이제 죽음이라는 종착역을 향해서 가고 있는데도 그렇습니다.

물론 성공의 절대적인 기준은 없습니다. 어떤 사람은 부귀영화를 누리지만 가족이 무늬뿐인 반면 어떤 사람은 경제적으로 풍족하지 않더라도 가족과 형제간에 우애가 좋습니다. 돈도 많고 가족 간에 사랑이 넘치면서 형제간에 우애도 좋다면 금상첨화입니다. 세상에 더 이상 바랄 것이 없습니다. 하지만 그러한 완전무결한 가정은 흔하지 않습니다. 어느 가정이든 눈물과 슬픔, 갈등과 고통이 존재하기 마련입니다.

사실 사람들은 나의 행복을 우선하고 타인의 행복을 쉽게 묵살하고는 합니다. 사소하게는 내가 더 먼저 목적지에 도착하기 위해 다른 차들을 위험하게 추월한다든지, 내 아이의 기를 살려 주기 위해서 공중도덕을 지키지 않아도 훈계를 하지 않는다든지, 나의 부를 위해서 다른 사람의 고통을 무시한다든지, 거짓말을 하고 타인을 속인다든지 등 이루 말할 수 없습니다. 이러한 세상에서 우리는 어떤 자세를 가지고 살아야 할까요?

맹자에게 배워야 할
오십의 힘

《맹자》의 가장 중요한 키워드를 꼽으라면 저는 '호연지기'라고 말하고 싶습니다. 호연지기야말로 맹자가 특히 강조하는 의의 정신을 제대로 구현한 표현입니다. 그리고 우리가 가지고 살아야 할 자세이기도 합니다.

호연지기는 한마디로 표현하기가 쉽지 않습니다. 맹자는 "호연지기의 기운은 지극히 크고 몹시 강한데 바르게 길러서 해치는 것이 없다면 하늘과 땅 사이에 가득 차게 될 것이다"라고 했습니다. 호연지기는 사전에서는 "넓고 큰마음과 굳은 신념"이라고 합니다.

나이가 들수록 호연지기를 일깨웠으면 합니다. 무협 소설을 읽다 보면 내공이 충만한 주인공이 휘파람을 길게 불어 대는 장면이 있습니다. 그것을 호쾌하다고 하고 진정한 영웅호걸로 일컬었습니다.

호연지기가 중요한 이유는 사람들이 점차 위축되기 때문입니다. 젊은 시절조차도 좋은 대학, 좋은 직장을 구하지 못하면 위축되고 자존감이 낮아집니다. 성공하더라도 마찬가지입니다. 남들이 선망하는 직업을 갖거나 사업을 성공하더라도 자신보다 더 뛰어나고 훌륭한 사람을 보면서 자괴감을 느낍니다.

호연지기는 단순하게 큰소리치는 것과는 다릅니다. 성실하게 노력하고 꾸준히 자신을 수양하면서 더 높은 자아를 추구할 때 가능합니다. 이것은 인과 의의 마음의 기반이 되어야 할 것입니다.

인과 의는 고리타분한 이야기가 아닙니다. 수천 년간 살아온 인간 세상에서 가장 중요한 뿌리이고 근간이면서 평범한 사람들이 지녀야 할 마음가짐이기도 합니다. 내가 힘들고 지칠 때 나를 붙잡아 주고, 흔들리지 않는 부동심을 가지고 꾸준하게 나아가도록 만듭니다. 수없이 실수하고 실패를 하더라도 주눅 들지 않게 만듭니다. 다시 일어날 힘을 줍니다.

내가 호연지기를 가지고 살아간다면 부와 명예에 머리를 숙이거나 무릎을 꿇지 않을 것입니다. 물론 사회의 규약과 위계질서에 맞추어서 예의를 갖출 수는 있습니다. 그것은 성공한 사람들이 뛰어난 능력으로 자신의 지위를 확보한 노력에 대한 존경이면서 존중입니다. 하지만 '나는 저 사람처럼 못 되어서 슬프다, 이번 생은 망했다'는 식으로 자신을 비하하지는 않습니다. 뛰어난 사람을 인정하면서도 나의 고귀한 영혼을 위로하고, 자신을 북돋고, 소중하게 여길 줄 압니다. 그것이 바로 호연지기를 가지고 사는 사람입니다.

호연지기를 기르기 위해서는 나의 분야에서 최고의 경지, 전문가가 되기 위해 열심히 공부하는 자세를 잃지 않고 꾸준하게 나아가야 합니다. 단지 사업이나 업무, 가정일뿐만 아니라 자신의 마음을 성장하기 위한 노력도 병행해야 합니다. 좋은 책을 읽고 나의 생각을 정리하고 이를 글로 옮기면서 과연 어떤 삶이 진정한 가치가 있는지 스스로 공부하고 묻는 자세가 필요합니다. 또한 나의 자존감을 올린다는 목적으로 의미 없는 관계를 확장하기보다는 자신을 돌아보고, 홀로 있으면서도 삼가는 마음이 필요합니다.

이러한 자세가 학문의 길이면서 인생의 길입니다. '도(道)'라고도 합니다. 이 자세를 놓지 않고 죽을 때까지 나만의 길을 간다는 자세를 유지한다면 우리는 진정한 대장부가 될 수 있습니다. 호연지기를 가지고, 부동심을 가지고, 거친 세상을 헤쳐 나갈 수 있습니다. 그것이 바로 군자이면서 성인입니다. 누구나 노력을 한다면 도달할 수 있는 경지입니다. 결코 늦은 때란 없습니다.

굽이치는 인생을 다잡아 주는 2,000년 마음공부

오십에 읽는 맹자

ⓒ 조형권 2025

1판 1쇄 2025년 1월 7일
1판 4쇄 2025년 2월 17일

지은이 조형권
펴낸이 유경민 노종한
책임편집 이현정
기획편집 유노북스 이현정 조혜진 권혜지 정현석 **유노라이프** 권순범 구혜진 **유노책주** 김세민 이지윤
기획마케팅 1팀 우현권 이상운 **2팀** 이선영 최예은 전예원
디자인 남다희 홍진기 허정수
기획관리 차은영
펴낸곳 유노콘텐츠그룹 주식회사
법인등록번호 110111-8138128
주소 서울시 마포구 월드컵로20길 5, 4층
전화 02-323-7763 **팩스** 02-323-7764 **이메일** info@uknowbooks.com

ISBN 979-11-7183-080-0 (03140)